中國文化地圖（下）

中國文化知識600問

王 慧 編著

簡明清晰的中國文化地圖，輕鬆愉快的文化之旅。
用問答方式介紹中國文化，
讓您輕鬆愉快閱讀中國文化與歷史，
用最少的時間，掌握最多的中國文化知識。

歷史・政治・軍事・文化拾遺篇

目錄

政治篇 ……149

歷史篇

歷史篇

1 「三皇五帝」指的是什麼？

「三皇五帝」的說法最早見於《周禮》：「外史掌三皇五帝之書。」所謂三皇，是指上古時期三位傳說中的人物。《史記・秦始皇本紀》中說三皇為天皇、地皇、泰皇；《風俗通義》中稱三皇為伏羲、女媧、神農；《白虎通》中說三皇為伏羲、神農、祝融；《通鑒外紀》中稱三皇為伏羲、共工、神農；《風俗通義・皇霸篇》引《禮緯含文嘉》則稱燧人、伏羲、神農為三皇。目前通說為最後一種。所謂五帝，指的是原始社會後期五位部落聯盟的領袖。《史記・五帝本紀》中列為黃帝、顓頊、帝嚳、唐堯、虞舜；《禮記・月令》中則列為太皞（伏羲）、炎帝（神農）、黃帝、少皞、顓頊；《帝王世紀》中列為少皞、顓頊、高辛（帝嚳）、唐堯、虞舜。目前通常採用第一種說法。

綜上所說，我們可以認為：三皇即指燧人、伏羲、神農；五帝即為黃帝、顓頊，帝嚳、唐

女媧補天

堯、虞舜。

2 古代的「禪讓」是指什麼？

禪讓是中國原始社會後期部落聯盟議事會推舉首領的制度，即由參加聯盟的各氏族部落首領組成部落聯盟議事會，聯盟的首領由議事會選賢舉能產生。傳說中的唐堯、虞舜和夏禹就是通過禪讓產生的部落聯盟首領。

相傳堯是陶唐氏部落首領，為黃帝嫡裔，被選舉為炎黃部落聯盟首領。堯年老時，聯盟議事會推舉舜為繼承人。舜是有虞氏部落首領，是一個很能幹的人物，深得部落的擁護和支持。堯對舜進行了三年的政績考查，堯死後，舜繼承聯盟首領。舜老時，聯盟議事會以夏禹治水有功，深得民心，選舉禹為聯盟首領。禹繼位後，又推舉皋陶為繼承人，但是皋陶早死，便又推舉伯益為繼承人。但在禹死後，禹的兒子啟殺死伯益，自己當了首領，並建立

堯

了夏朝。從此禪讓制度即告終結，中國漫長的原始社會亦從此壽終正寢。

3 中國氏族公社是怎樣產生、發展和瓦解的？

經過漫長的原始人群生活階段之後，我們的祖先逐漸地形成了比較固定的、按血統關係組織的集團。每個集團的成員都是親屬，由幾十個人組成，他們依靠集體力量和大自然做鬥爭，人類社會由此進入了氏族公社時期。

氏族公社分母系氏族公社和父系氏族公社兩個階段，陝西西安的半坡氏族和浙江餘姚的河姆渡氏族屬於母系氏族公社的繁榮時期。

隨著農業和畜牧業的發展，男子逐漸代替了婦女在生產和生活中的支配地位，氏族公社進入了父系氏族公社階段。到父系氏族公社後期，原始社會逐漸瓦解，山東大汶口文化中晚期的考古發掘材料，反映了原始社會的瓦解和崩潰的過程。大汶口文化，因首先發現於山東泰安地區大汶口而得名，分布在山東和江蘇北部一帶，它的早期處於母系氏族公社階段，中、晚期（距今約四五千年）處於父系氏族公社階段。由於生產力有了發展，出現了私有財產和貧富分化，階級逐漸形成，沒有階級的原始社會瓦解了。

4 夏朝是怎麼建立的？又是怎麼滅亡的？

夏原來是一個部落的名稱，西元前二十一世紀，禹的兒子啟破壞了民產選舉的慣例，以王位世襲制代替了「禪讓」制，建立起中國歷史上第一個奴隸制國家——夏朝，它的統治中心在今天的河南西部和山西南部一帶。

夏啟

夏朝是奴隸主階級專政的國家，對奴隸和平民實行專政。在夏朝統治的四百多年裡，共有十七個君主，其中有過一次「太康失國」的變故，但不久又出現了「少康中興」，使夏朝得以繼續。西元前十六世紀，夏朝最後一個君主——桀在位時非常暴虐，他荒唐地自比為太陽，引起人民的痛恨。正當他內外交困時，東方商部落的首領湯乘機起兵進攻，佔領了夏朝的統治中心，夏朝由此滅亡，中國歷史進入了商朝。

5 何爲「國人暴動」與「共和行政」？

奴隸社會發展至西周，已經相當發達，廣大的被統治者也被劃分成許多等級，最低層的自然是奴隸，比奴隸稍高一點的即是平民，所謂「國人」也就是平民。西周厲王在位時，貪財好利，暴虐奢侈，為聚斂財富，對山川林澤實行專利，不准「國人」進入採樵、捕魚、打獵，還專門派衛士監視國人，致使人們見面都不敢打招呼，而以目光示意。後來，西元前八四一年，「國人」們終於忍無可忍，發起暴動，趕走了周厲王，太子靜逃到了召公家，國人圍攻召公家，召公只得將自己的兒子替下太子，救了太子一命，周厲王卻再也沒敢回來。

此後，在周朝歷史上出現了由大夫代理行政的時期，史稱「共和行政」。關於共和行政，《竹書紀年》中說是「共伯和干（奪）王位」，即說由共地一個名叫和的諸侯代行王政；而《史記》中則稱「召公、周公二相行政，號曰共和」。後人各執一詞，但不論怎樣，這種大夫代行王政的局面只持續了十四年，西元前八二八年，厲王死於彘（今山西霍縣），太子靜即位，是為周宣王，共和行政局面結束。

6 什麼是「烽火戲諸侯」？

西周末年，周幽王昏庸淫奢。當時有人進貢了一個美女褒姒，褒姒天生絕色，但唯一不令周幽王歡心的就是她自入宮從未笑過，為此幽王費盡心機。某天，他忽然想出一個特別的「招兒」，即派人點燃烽火臺（點烽火是當時王室向諸侯國報警告急的方式，諸侯國看見從烽火臺上冒起的狼煙，便會迅速派兵前往王都救援）。幽王與褒姒則在高樓上觀望，當急行趕來的諸侯們忙得焦頭爛額卻被告知無事而表現出不可理解的表情時，臺上的褒姒大笑不止，為此幽王非常高興。然而時隔不久，西北的犬戎族真的來攻打國都，周幽王再燃烽煙之時，諸侯都不相信而未發兵援助。結果，都城被攻下，周幽王被殺死，褒姒也去向不明，這就是「烽火戲諸侯」的故事。至此，西周滅亡。後來，周幽王之子杵臼在諸侯擁立下即位，是為周平王，周平王遷都洛陽，東周開始。

周幽王與褒姒

7東周時期的兩個階段為什麼稱「春秋」和「戰國」？何為春秋五霸？何為戰國七雄？

從西元前七七〇年到西元前二二一年，歷史上稱為春秋戰國時代。其中又以西元前四七五年為界線，前段為春秋，因孔子曾編訂《春秋》一書而得名；後段為戰國，因當時七個較強大的諸侯國相互混戰而得名。

春秋時，王室衰弱，諸侯勢力崛起，同時中原諸國又受到周邊少數民族的威脅，於是各大國在「尊王攘夷」口號下，爭當霸主。春秋三百年間出現了所謂「五霸」。關於「春秋五霸」，一說為齊桓公、宋襄公、秦穆公、晉文公、楚莊王；一說為齊桓公、晉文公、楚莊王、吳王夫差、越王勾踐。通常認為是後者，因為宋襄公並未成為真正意義上的霸主，而秦穆公的勢力也未曾影響至中原。

戰國時期，原來的晉國被三個大臣瓜分為韓、趙、魏三國，齊國政權被田氏取代，東北的燕國逐漸強大，再加上南方的秦、楚兩國，構成了七雄角逐的場面。所謂「戰國七雄」即是指戰國時期七個勢力強大的國家：齊、楚、燕、韓、趙、魏、秦。

8 歷史上的「掘地見母」是怎麼一回事？

鄭國在春秋初年是比較強大的，其最著名的國君便是鄭莊公。鄭莊公出生時他的母親正在夢中，不覺中生下了他，因而取名悟生。後來出生的弟弟段長得非常可愛，莊公的母親非常喜歡段，有意要讓段做國君。但莊公是哥哥，理所當然應該由他做國君，於是鄭母暗中幫助段篡奪其哥哥的君位。這件事被莊公所察覺，最後莊公將段打敗，也將其母送入山洞之中，發誓不到黃泉（人死之後稱為赴黃泉）絕不相見。後來，在大臣們的勸說下，莊公感到很慚愧，於是想把其母親接回。但由於古人非常重視誓言，當初鄭莊公曾發誓與母親不到黃泉絕不相見，所以莊公很為難。

最後莊公找到一個辦法，既然掘地見水即曰黃泉，於是莊公命人到關押他母親的山洞前，開掘地表。待「泉水」湧出，莊公進洞接母，母子相見擁抱，痛哭流涕，莊公自責不孝，母親自責當初不該，母子復聚。「鄭莊公掘地見母」也由此而來。

9 「趙氏孤兒」的故事是怎麼一回事？

著名的「趙氏孤兒」的故事發生在春秋時期的晉國。當時，上卿趙盾與大將軍屠岸賈的矛盾異常激化，屠岸賈藉口趙盾有謀害先君之嫌而借晉國公室之力將趙盾全家三百餘口盡皆誅殺，只有一個嬰兒因門客程嬰以自己的兒子做替身而得以倖免。當時程嬰與另一門客公孫杵臼商議，由於公孫杵臼是醫生，故由他進宮將孤兒帶出宮，然後再由程嬰向屠岸賈「告密」，以程嬰之子為替身換下「趙氏孤兒」。

為防屠岸賈知情，程嬰忍辱負重投於屠岸賈門下，讓「自己的兒子」（即趙氏孤兒）認屠岸賈作義父。二十年後，孤兒成人，了解了真相，向當時的國君晉悼公闡明事實，最終殺掉屠岸賈報了仇。

10「雞鳴狗盜」出自什麼歷史典故？

戰國時期，齊國孟嘗君是當時著名的「四公子」之一，門下養食客三千。秦昭王聽說孟嘗君賢能，就召他入秦，想委以重任，但秦國一些臣僚進言說孟嘗君終究是齊國人，會想著齊國利益而對秦國不利，不可重用他，但是又不能放走他，他回到齊國後會為齊國出力，照樣不利於秦國，於是便將孟嘗君關押起

孟嘗君

來。孟嘗君聯繫到了秦王一個寵愛的妃子，讓她救他，妃子說想要孟嘗君的狐裘大衣，而孟嘗君已將狐裘大衣在初次見秦王時獻給了秦王。此時孟嘗君手下有人自告奮勇說他會像狗一樣暗中將大衣偷出來，這個人果然偷到了狐裘大衣。孟嘗君將這件狐裘大衣獻給秦王的妃子。秦王的這個妃子在秦王面前為孟嘗君說了不少好話，使秦王放走了孟嘗君。

但後來，秦王又後悔不該放走孟嘗君，便派人去追，此時孟嘗君剛走到函谷關。函谷關有規矩，即必須雞叫才能開關門。情況緊急，這時孟嘗君手下又有一人自稱會學雞叫，於是他學雞叫而將周圍的雞都引得叫了起來，函谷關守兵開關門而放孟嘗君出了關，得以脫險。

後來，人們就從這個故事中總結出成語「雞鳴狗盜」，來比喻那些不具真才實學卻靠雕蟲小技投機取巧的人。

11 晏嬰出使他國是怎樣不辱使命的？

晏嬰是齊景公時期齊國的相國，他數次出訪別國，以其雄辯的口才不辱使命而為人所共知，下面就是他不辱使命的例子：

有一次齊景公派晏嬰出使楚國，當時楚國驕橫自大，不把別的國家放在眼裡。楚國看到晏嬰身材矮小，決定羞辱他一番。於是當晏嬰走到楚國城門時，楚國命令城門守衛緊閉城門，在旁邊開了一個像狗洞似的小門，衛兵示意讓他從小門進入。只見晏嬰昂首立足高聲說道：「出使狗國才從狗洞進入，我是出使楚國的，難道要讓我從這個洞進去嗎？」士兵飛報楚王，楚王無奈，只好大開城門迎接晏嬰。

一見到晏嬰，楚王就說道：「派先生這樣的人來，難道齊國沒人了嗎？」晏嬰從容答道：「敝國有個規矩，出使上等國家用上等人，出使下等國家用下等人，我不中用，當然就來楚國了。」一席話，又駁得楚王啞口無言。在宴席上吃飯的時候，一隊衛兵押著一個犯人經過，楚王問道：「這是什麼地方的人，犯了什麼罪？」衛兵答道：「是齊國人，犯了偷盜罪。」楚王轉而問晏嬰：「難道齊國人都是習慣於偷盜的嗎？」只見晏嬰不慌不忙地答道：「我聽說江南的橘樹結出來的果實又大又甜，而江北的橘樹則只結出又苦又小的枳，原因何在？水土不同啊。這個人在齊國本來是老實本分、安居樂業的，為何到了楚國就偷盜起來了呢？也是由於水土不同的原因吧。」楚王聽了，感覺很慚愧，於是自我解嘲地說：「此人是不好隨便和他開玩笑的，我真是自討沒趣。」

晏　嬰

從以上的例子中我們可以看出晏嬰超人的智慧。正因為如此，他在國內勵精圖治，頻頻指正國君的錯誤，以身作則培養官吏的廉潔之風，一時間，齊國國內情況大為好轉。作為相國的晏嬰功不可沒。

12 「掛牛頭賣馬肉」是怎麼得來的？

春秋時，齊靈公喜歡觀賞婦女穿男人的衣服，因此讓宮內所有嬪妃侍女全都換上男子的服裝，沒多久，全國各地都趕起了這種時髦。靈公聽說後，非常生氣，認為有傷風化，於是下令禁止，但是屢禁不止。靈公問當時的一位大臣晏嬰說：「寡人已採取了措施，為何女扮男裝的風氣還禁止不了呢？」晏嬰說：「不知道國君見過沒有，有的肉鋪門口掛著牛頭，案上賣的卻是馬肉，因此很少有人前去光顧。現在大王一邊讓內宮女子穿男人衣服，一邊又想在全國禁止這件事，這無異於掛牛頭賣馬肉，怎麼能制止呢？要想讓子民不效，首先要讓宮室莫為，這樣才行啊！」靈公頓時醒悟，立即照辦，沒過多久，女扮男裝的事情在全國禁絕了。

這便是「掛牛頭賣馬肉」的故事，後來人們所流傳的「掛羊頭賣狗肉」的話，亦是由此衍生出來的。

13 什麼是「臥薪嘗膽」？

「臥薪嘗膽」的故事源於春秋末期吳越爭霸之時。當時吳越兩國累世結怨，相互攻戰。西元前四九六年，吳王闔閭攻打越國，兵敗受傷而死，他的兒子夫差即位，發誓要為他父親報仇。

西元前四九四年，夫差率領吳國軍隊在夫椒這個地方大敗越國，越王勾踐被迫派使臣前去吳國卑躬屈膝地講和，之後忍受奇恥大辱，帶著妻子兒女到吳國去給吳王夫差當奴僕。三年以後，勾踐被釋放回國，他回國後，立志洗雪國恥。為了堅定報仇的決心，不忘昔日的危難和苦楚，他晚上不睡舒適的床鋪，而是睡在柴草堆上（臥薪）。他還在屋裡吊一隻苦膽，每天早起後、睡覺及吃飯前，都要嘗嘗苦膽的滋味，以便使自己永遠不忘掉志向。

勾踐

越王勾踐臥薪嘗膽奮發圖強，推行一些休養生息的政策，終於使越國兵精糧足，國富民強。

西元前四七三年，趙王勾踐率大軍再次進攻吳國，打得吳國軍隊節節敗退，夫差被俘自殺。吳國被越國滅掉後，勾踐會合各國諸侯，做了春秋時期的最後一個霸主。

14 商鞅變法之初是如何取信於人的？

商鞅變法是中國歷史上一次著名的變法運動，也是戰國各國變法中最為成功的一例。在變法之初，鑒於當時士官大夫們往往言行不一，如何取信於民便成了一個非常重要的問題。商鞅靈活果斷地採取了一系列措施，其中有一個故事最為典型。

變法之初，人們對新法中規定的一些內容不相信。於是商鞅在城門外樹立一根木柱，並言誰將木柱從這一邊搬到那一邊，就賞十兩黃金。起初，人們都不相信做這麼簡單的事會賞這麼多錢，故而無人去搬。後來賞金逐漸增加，加到五十兩時，一位青年男子想，反正搬過去也不費多大力氣，即使得不到賞金也不虧，於是過去將木柱搬到了另一邊，結果真的得到了五十兩賞金。這時人們紛紛後悔當初自己沒去搬，從此對商鞅十分信任。這樣，以後的變法就很容易進行，新的政策得以順利的實施，秦國也逐漸成為戰國後期最強大的國家。

15 歷史上的孫臏與龐涓是如何鬥智的？

孫臏與龐涓是戰國時期的兩位軍事家。兩人同從師於鬼谷子，但龐涓心術不正，而孫臏則正直仁義。龐涓早孫臏出師，到魏國當了將軍。後來孫臏亦被龐涓介紹入魏國，但當孫臏逐漸顯露才華而為魏王所重用時，龐涓設計謀害孫臏，割掉了孫臏的膝蓋骨。孫臏裝瘋，在齊國使臣的秘密帶領下回到了自己的母國——齊國，並受到齊王的重用。後來魏國攻打趙國，趙國向齊國求救，作為軍師的孫臏指揮齊軍直接圍攻魏國國都迫使龐涓退兵，魏軍途中遭到齊國伏兵的襲擊，大敗而歸，這就是「圍魏救趙」的故事。後來，龐涓又率兵攻打韓國，韓又向齊求救，孫臏仍圍住魏國國都，迫使龐涓再次後退。此次戰役中，孫臏採取「退兵減灶」之計誘使龐涓先頭兵全軍覆沒，龐涓自刎，兩人鬥智最終以心術不正的龐涓的徹底失敗而告終。

孫臏與龐涓

16 戰國時期的「合縱連橫」到底是指什麼？

戰國時期，諸侯割據，群雄紛爭，強國為了對外擴張，兼併土地，往往拉攏某些弱小的國家來攻擊另一強國；小國則為了防止被強國的吞併而依附某個強國。這樣，在採取什麼策略向外擴張，用什麼手段爭取聯盟的問題上，有了「合縱」與「連橫」兩種不同的主張。

「合縱」就是「合眾弱以攻一強」，具體而言，就是由韓、趙、魏等較弱小國家聯合對抗齊、秦等國；「連橫」就是弱國跟從齊、秦等強國來攻擊他國。在實際的政治中，往往「合縱」、「連橫」並用，「合縱」勝利後改用「連橫」，「連橫」受阻又變為「合縱」。各國把「合縱連橫」當作稱霸的重要手段，而在其中出謀劃策、穿針引線之「縱橫家」則被視為「一怒而諸侯懼，安居而天下息」的顯赫人物，蘇秦和張儀兩人便是其中的顯赫人物。

到了戰國後期，隨著秦國國力的逐步增強，各國間的外交均勢已不存在，「合縱連橫」也完成了自己的歷史使命。

17《呂氏春秋》爲何有「一字千金」之譽？

《呂氏春秋》是秦相國呂不韋集賓客之力寫成的一部著作。他見當時的辯士名人多著書立說，傳布天下，因而命自己的賓客每人寫文章，聚集起來，共二十餘萬字，分為「八覽」、「六論」、「十二紀」三個部分，統稱《呂氏春秋》。呂不韋把它擺在都城咸陽市門，掛千金在門上，宣稱：如果有誰能增加或刪改一字，就把這一千金給他。這就是所謂「一字千金」。呂不韋請各國的遊士賓客來看此書，但沒有人能改一個字。《呂氏春秋》真是好的連一個字都改不了嗎？東漢高秀說的好：不是不能增改，是由於呂不韋的權勢大，人家不敢改罷了。

呂不韋

不過，《呂氏春秋》確實是一部好書，也是我國第一部集體編纂的大型書籍，它包含著各家各派的學說，因而《漢書．文藝志》稱其為「雜家」。它還保存了不少珍貴的史料，從文學角度看，其文章平坦而順口，句子整齊，常運用一些對偶之筆以增添文采，啟漢魏以後駢儷之風，具有很高的研究價值。

18「孟母三遷」和「斷機勸學」是怎麼回事？

「孟母三遷」和「斷機勸學」均是孟子的母親教導孟子勤奮學習的故事，具體如下：孟子的家原來在墓地的旁邊，孟子常在墓間作掏挖築埋的遊戲；孟母覺得不行，就舉家遷到市場旁，孟子又學起商人叫賣的事情來了；孟母覺得還不行，於是將家搬到學宮邊，這次孟子耳濡目染，模仿的就是些揖讓進退之禮，孟母才最終定居了下來，這就是「孟母三遷」的故事。

「斷機勸學」則指的是孟子曾經一度嬉戲廢學，孟母便把織機上的織物用刀割斷，孟子大為震驚，便問為何如此，孟母告訴孟子說廢學就如同斷機一樣，必將一事無成。孟子受到很大震動，從此勤學不息。

第一個故事說明外部環境對人的影響是很重要的，倘若孟母注意不到這一點，中國很可能就沒有孟子這位「亞聖」了。第二個故事則是孟母以切實的行動來使孟子明白學業不能荒廢的道理。這兩則故事已流傳很久，對我們今天的少年兒童們來說仍具有很重要的意義。

19秦始皇到底是誰的兒子？

號稱「千古一帝」、建立了偉大功績的秦始皇，其實並非秦國「龍種」，而是呂不韋的骨肉。

秦昭王之子嬴柱，號安國君，便是以後的秦孝文王。安國君寵愛華陽夫人，但華陽夫人卻沒有兒子，而夏姬最不得寵，偏生了一子，名為子楚，母微子賤，所以子楚被派往趙國去做人質。這時韓國巨商呂不韋非常注意研究各國的政治形勢，認為只有定國立君，才會名垂青史，於是便在子楚身上大做文章。

呂不韋私下拜訪子楚時，跟子楚說：「秦王（即昭王）年事已高，安國君不久要繼承王位，而他寵幸的華陽夫人卻無子，你要想成為太子，唯一的辦法就是孝敬安國君和華陽夫人，讓他們寵愛你。」並出重金資助子楚，子楚也來了興趣，兩個人相互利用的政治交易也就愈演愈烈了。

秦始皇

接著呂不韋通過各種手段宣揚子楚的風度才幹，使華陽夫人對子楚產生了好感，同時，呂不韋又通過華陽夫人的姐姐向華陽夫人傳達了沒有兒子最終會失寵的話語，並對華陽夫人施以厚禮，使其認子楚為子，立為嫡嗣。

呂不韋回到趙國後，將子楚請至家中，席間讓他最寵愛的美女趙姬作陪，子楚見趙姬可愛，就向呂不韋提出了將趙姬贈給他的請求，呂不韋想趙姬已懷孕，若子楚能繼承王位，將來自己的骨肉也會飛黃騰達，於是爽快地答應了。

後來趙姬生了個兒子取名嬴政，也就是後來的秦始皇，而嬴政實際上是呂不韋的兒子。秦昭王死後，安國君僅做了一年的皇帝便死去，而子楚也只當了三年的國君便駕崩，十三歲的嬴政便成為秦國國君，尊呂不韋為相國，號稱「仲父」，尊生母趙姬為太后，呂不韋「立君定國」的目的由此達到。

20 趙高是如何禍亂秦廷的？

趙高本是趙國君王遠親，秦滅趙後，其父母淪為俘虜，入秦後其父因犯法被處宮刑，其母親與別人「野合」，事敗而全家男性皆被施以宮刑，入皇宮為奴。一個偶然的機會使身材高大的他成為秦始皇的中東府令，因為他對法律略知一二，因此成為始皇小兒子胡亥的老師。趙高對秦始皇阿諛奉承，以討歡心，同時利用身分之便，千方百計讓胡亥喜歡自己。

趙　高

西元前二一〇年，秦始皇為消災彌禍，帶胡亥、趙高等出遊，返回途中，染重病，病危之際，秦始皇讓貼耳的趙高草擬詔書，安排大兒子扶蘇繼位。而趙高憑秦始皇已死，遺旨又在自己手中的機會，找到胡亥讓他處死扶蘇，自立為帝，陰謀得逞。胡亥當了皇帝，重用趙高，實際上趙高已成為昏庸無能的胡亥的決策人。

趙高並不滿足，他先後唆使胡亥捏造罪名將先帝舊臣處死，後又將胡亥的十六個哥哥和十個姐妹全處死，誅殺李斯的三族，朝中大事全由趙高一個人決斷。

趙高雖以丞相身分總攬朝政，但其野心仍未滿足，又策劃了更大的陰謀。趙高以胡亥妄殺無辜會得罪上天為由，將其騙至距咸陽八里以外的望夷宮避難，然後命令親信殺進宮內，逼死了皇帝胡亥。

秦朝二世而滅，趙高欺君謬臣、指鹿為馬、徇私亂政、逼殺君王，在歷史上留下了骯髒的一頁。他以宦官身分參與國事，開中國歷史上宦官干政亂國之端緒。

21 「破釜沉舟」語出何處？

在鎮壓秦末農民起義中，秦將章邯破項梁軍後，以為楚地已不足憂慮，於是就渡河北上，攻擊張耳、陳餘等，當年秦國困趙王歇、張耳於巨鹿（今河北平鄉）的時候，趙向楚懷王心（陳勝遇害後，項梁、項羽等便擁立原楚懷王之孫心為王，仍號楚懷王）求援，起義軍決定派宋義為上將軍，項羽為次將軍，范增為末將，北上救趙。宋義率大軍至安陽（今山東曹縣東南）畏縮不前，項羽便殺掉宋義，用斧子鑿沉船隻，以示沒有退路，表示決戰，軍隊士氣大增，直驅巨鹿，九戰九捷，大敗秦軍，擊殺秦將蘇角，俘獲王離。這就是著名的巨鹿之戰，是秦末農民戰爭中具有決定性作用的一次大戰，扭轉了整個反秦戰局，為取得反秦鬥爭的勝利打下了基礎，「破釜沉舟」的成語也由此而來。

22 「鴻門宴」是怎麼一回事？

秦末起義中，當項羽大軍向西挺進到函谷關時，發現劉邦已搶先進入關中，而事先已約定先入關中者為王，項羽大怒，立即攻破函谷關。這時劉邦軍駐霸上（今陝西西安東南），兵力十萬，項羽駐紮在新豐鴻門（今西安東北），擁兵四十萬，積極準備攻打劉邦。項羽的叔父，與劉邦結為親家的項伯將此事告訴了劉邦，劉邦聞訊

鴻門宴

後，親率一百餘名騎兵與張良、樊噲來到鴻門向項羽道歉，從而演出了歷史上著名的在觥籌交錯中閃爍刀光劍影的「鴻門宴」。在宴會上，項羽的軍師范增令項羽的堂弟項莊進去借舞劍助興為名，借機殺死劉邦。項伯拔出劍來與項莊對舞，藉以掩護劉邦，在危急時刻，張良出帳，令樊噲帶劍執盾闖入，使劉邦得藉口乘隙脫逃。項羽當斷不斷，放走了羽毛漸豐的劉邦，為自己留下了禍根。

23 什麼是吳楚「七國之亂」？

漢初大封同姓諸侯，然而隨著時間的推移，這些諸侯王的權勢越來越大，他們不擇手段地收買人心，違背中央政府規定，建立獨立武裝，甚至發生驅逐、暗殺中央委派的官吏的事情，王國與中央抗衡的叛亂跡象已昭然若揭。

文帝時，著名政治家賈誼已注意到這個問題，並向文帝提議採取措施，文帝將一些大國分成若干小國，但未能奏效。

至漢景帝，御史大夫晁錯也意識到了問題的嚴重性，提出了「削藩」的主張，但是這卻成了諸侯王反叛中央的一個藉口。吳王劉濞串通楚、趙、膠東、膠西、濟南、淄門六國，同時起兵，以「清君側、誅晁錯」為名，發動叛亂。

這時朝廷亂作一團，晁錯認為唯有鎮壓別無他途，建議景帝親征，但曾受吳王賄賂的袁盎竭力反對，主張殺晁錯，以便「赦吳楚七國」。但這次叛亂的真意是逼漢帝退位，因而七國更瘋狂地向中央進軍，這時景帝才下定鎮壓的決心，前後三個月，粉碎了叛亂。

「七國之亂」說明分封已不合時宜，倒退是要自食惡果的，從事分裂反叛更不得民心，最終會身敗名裂。

24 張騫通西域是怎麼回事？

漢初休養生息多年，及至漢武帝即位，中央集權得到了進一步鞏固，社會經濟也有了很大的發展，為連接東西方交流提供了條件。

在一次漢對匈奴的戰爭中，漢武帝從一個俘虜口中了解到西域的大月氏王國亦想攻擊匈奴，只是苦於無人相助。於是武帝便萌生了聯合大月氏夾攻匈奴的想法，遂派張騫率隊出使西

唐壁畫《張騫出使西域》

域。

西元前一三九年，張騫率一百多人出發，不料途中突然遭到匈奴的騎兵襲擊，一行人全部被俘並被輾轉押到匈奴王庭。匈奴將他們一扣十年，但是，時間的流逝並沒能磨去張騫完成使命的責任感。西元前一二九年的一天，他們趁匈奴監視鬆懈，逃了出來，繼續向西進發。

然而等到他們到了大月氏，大月氏已遷徙，不想再跟匈奴打仗，同時大月氏人認為自己離漢朝太遠，因此張騫與大月氏王商量聯合攻打匈奴的事，沒有達到目的。於是在考查了大夏國後，他們啟程回國，途中又被匈奴兵捕獲，又扣了一年多，後於西元前一二六年回國。西元前一一九年，張騫再度出使西域，這時漢朝已三次大勝匈奴，張騫得以順利進入西域。此次出使的目的地是烏孫，雖與烏孫聯抗匈奴遲遲未定，但他派出許多副使前往大宛、康居、安息、大夏等國，自己先回漢朝，烏孫王亦派使者隨張騫回到漢朝。

張騫出使西域，大大增進了中原漢族人民對新疆和西南亞地區的了解，同時張騫實地考查了從中原通往西域的交通要道，開闢了舉世聞名的「絲綢之路」，為促進東西方經濟文化交流做出了重大貢獻。

25 「立子殺母」的制度是如何出現的？

歷史上的某些帝王，當兵臨城下即將滅亡之時，唯恐自己的愛妃落入對方手中，來個「霸王別姬」已是司空見慣，但有的皇帝為了讓兒子繼承王位，要殺死自己的皇后或者愛妃——小皇帝的母親，這豈不是咄咄怪事嗎？殊不知漢武帝就是這樣做的。而且北魏前期拓跋氏還將它作為一種制度。

漢武帝在位期間，曾立有太子，後因太子有罪而廢黜，其他的室子如燕王旦、廣陵王胥等又品行不端，於是便想把王位傳給幼子劉弗陵。劉弗陵的母親趙氏，封為鉤弋夫人，她年輕聰明，漢武帝不由想起了歷史上的女后之禍：夏桀的妹喜、商紂的妲己、周幽王的褒姒一類的女后，導致國家破亡，幾十年前的呂后更是歷歷在目。劉邦死後，立劉盈為帝，因劉盈年幼，呂后代理朝政，劉盈死，立少帝，呂后殺死少帝，提拔呂氏家人，差一點把劉家天下變成呂家天下。這些引起了漢武帝的疑慮，擔心弗陵「年稚」而「母少」，「女主專恣亂國家」，為防禍患於未然，便藉故殺死了鉤弋夫人。「立子殺母」的制度由此而生。

26「昭君出塞」緣何而起？

漢元帝後宮嬪妃很多，不可能一一召幸，於是讓畫工替宮人畫像，皇上按圖像召見親幸。許多宮人都用錢物賄賂畫工，以便將自己畫得漂亮一點，唯獨王昭君不肯這樣做，於是畫工便將她畫得很醜，她便沒機會被皇上召見。

正當此時，漢朝國力開始衰弱，跟匈奴的戰爭中不像以前那樣常勝，不得不採取「和親」政策（即用將漢朝宮中嬪妃嫁給匈奴首領的辦法來維持邊界的和平）來避免戰爭。這時，匈奴主請求元帝送美人給他做閼氏，於是元帝派王昭君前去，臨行前元帝召見她，才發現她的容貌是後宮中最好的（王昭君是我國歷史上四大美人之一，其餘三位是西施、貂嬋和楊貴妃），而且擅長應答，舉止嫻雅。元帝十分後悔，但已做出決定，只好忍痛割愛。事後追究此事，畫工們都被棄用處斬，畫工從此也大大減少。

王昭君

27 漢初爲什麼實行「無爲」政治？作用與後果如何？

陸賈曾向劉邦提出過「無為而治」的統治術，得到劉邦的賞識。此後，孝惠帝、呂后、文帝、景帝時期亦遵循「無為而治」，這是由客觀的歷史條件決定的。首先，秦末農民起義沉重打擊了封建統治階級，對秦「二世而亡」的歷史教訓，漢初統治者記憶猶新。其次，漢興接秦之弊，經濟蕭條，人口散亡，生活窮困，財政匱乏，已到達窮無可掠的地步，社會經濟亟待恢復和發展。漢初統治者為了緩和農民與封建統治階級間的矛盾，穩定封建統治秩序，於是將與民休息的黃老「無為」政策提倡了五、六十年。

休養生息的政策具有了以下作用：第一，對人民的徭役剝削確是少了些，人民得以休養生息，社會生產得以恢復和發展，並出現了號稱太平盛世的「文景之治」；第二，在社會生產恢復和發展的基礎上，國家積累了大量的物質財富，為漢武帝時期的一切「有為」奠定了物質基礎。

但是由於「無為」並非放棄統治與剝削，而是在特定歷史條件下的封建統治階級的政策，所以在與民休息之時，地主階級的經濟實力也迅速發展起來。在太平盛世的背後，同時存在著農民破產失業的陰暗面，農民「賣田宅鬻子孫以償債」的現象便是一個明證。這是它的後果。

28 漢武帝爲加強中央集權在文化思想方面採取了什麼政策？

漢武帝為加強封建中央集權制，在文化思想領域實行了「罷黜百家，獨尊儒術」的專制政策。原來在漢初，最高統治集團尊奉黃老思想，提倡黃老無為政治，諸子百家學說在一般人中也廣為流行。漢朝統治者認為這是很不利於思想統一和加強中央集權的，漢武帝時再也不容許這種情況繼續下去了，董仲舒在上漢武帝的《三人三策》中建議把儒家學說作為封建國家的統治思想，提出「罷黜百家，獨尊儒術」的主張，這一建議基本上得到了漢武帝的採納。西元前一三六年，設太學，置五經博士，博士以儒家經典「五經」在太學教授弟子。西元前一二四年，武帝採納公孫弘建議，為博士置弟子員五十人，每年考試一次，合格者補郎中、文學、掌政。郡國亦設學官，講授儒家經典。不過，漢朝自武帝始雖尊崇儒術，實際上其制度是「霸王道雜之」，即法儒並用，武帝所重用的也都是能「習於文法吏事，而又緣師以儒術」的人。

漢武帝劉徹

29 漢朝西域都護是怎樣設立的？有什麼作用？

張騫通西域後，中西交通大開，使者、商人來往不絕。但受匈奴控制的樓蘭、車師等還經常出兵攻殺、劫掠漢使者，擾亂漢與西域的交通。為保障通西域的道路暢通無阻，西元前一〇八年，漢武帝命趙破奴率軍攻車師、樓蘭，兩國敗降。漢武帝又派李廣費四年之功征服大宛。從此漢通西域道路暢通無阻。為了便利和維護交通，漢於敦煌至羅布泊之間沿路設置了亭障，又在樓蘭、渠犁（今新疆輪台縣東南）、輪台（今新疆輪台）等地設置校尉駐兵屯田，屯田士卒多時達六十多萬人。漢宣帝時，又在烏壘城（今新疆輪台東北）設西域都護府，任鄭吉為西域都護，都護手下有屬官若干人，是西漢王朝駐西域的最高行政長官，這樣完全確立了漢對西域的統治，也表明還在二千多年前，西域已納入中國的統一版圖。

30 「綠林好漢」語出何處？

西漢後期，土地兼併的情況十分嚴重，富者連阡陌，貧者無立錐之地，階級矛盾日益尖銳，政局動盪。西元八年，外戚王莽篡權建「新」後，實行新政，把全國收歸王國，私家奴婢改稱私屬，都不許買賣，由於地主官僚和貴族的反對，根本無法實行。王莽又多次改變幣制，大量掠奪人民財富，進一步加深了人民的痛苦，再加上不斷發動對少數民族的戰爭，各地天災人禍連年不斷，導致了綠林赤眉起義的爆發。

西元十七年，王匡、王鳳在湖北中部領導農民起義，以綠林山為根據地，故稱「綠林軍」。綠林軍在向南陽挺進過程中，皇族劉秀參加。西元二十三年，綠林軍在昆陽與王莽主力決戰，取得昆陽大捷，殲王莽四十萬軍隊。隨後，綠林軍乘勝攻佔長安，推翻了王莽的統治。

與此同時，樊崇領導的「赤眉軍」也在同王莽軍隊作戰，後被劉秀鎮壓。

從此「綠林好漢」這個名詞就傳開了。

31 「三顧茅廬」是怎麼來的？

東漢末年，劉備為請諸葛亮出山幫他打天下，親自到諸葛亮家拜訪，因去了三次才見到諸葛亮，後人便稱其為「三顧茅廬」。當時劉備所處環境很不利，在鬥爭中屢屢處於下風，一次偶然的機會，他從別人口中得知諸葛亮具有雄才大略，智慧超人，若請得他出來幫助，建立基業自然不成問題，於是劉備便去請諸葛亮。

第一次去時，諸葛亮不在，劉備無功而返。過了一段時間，劉備再次去拜訪，不料這次諸葛亮又不在，只好作罷。待到第三次要去時，急性子的張飛（與劉備結義的兄弟）說：「諸葛亮怕

《三顧茅廬》圖

是沒有真才實學，才故意逃避的，待我自己去將他抓來。」劉備訓斥了張飛，又恭恭敬敬地去請，這次諸葛亮在家，但是卻在午睡，劉備便不去打擾他，靜靜地在門外等。等了很長時間，仍不見諸葛亮醒來，這時性急的張飛又忍不住了，說：「我去屋後放一把火，看他起不起來。」劉備又一次斥責了張飛的魯莽。待諸葛亮醒來後，劉備進屋與之交談，諸葛亮未出茅廬，便已知三分天下，劉備大喜過望，請求諸葛亮出山幫助，諸葛亮亦感激劉備的三顧之恩，便同意幫助劉備打天下。後來，諸葛亮顯露了非凡的才能，為日後劉備建立三分天下有其一的基業奠定了堅實的基礎。

32 赤壁之戰是怎麼回事？

赤壁之戰是我國歷史上以少勝多、以弱勝強的著名戰例，也是決定三國時代魏、蜀、吳三國鼎立的關鍵一役。

曹操在取得官渡之戰的勝利後，基本上統一了北方。但曹操並不滿足已取得的勝利，西元二〇八年七月，他親率大軍十六萬南下，旨在一舉攻滅劉表、孫權，從而揭開了赤壁之戰的序幕。

西元二〇八年八月，劉表病死，其次子劉琮繼任荊州牧。九月，曹軍到達新野，劉琮束手投降，曹操基本上控制了荊州，統一似乎指日可待。然而天有不測風雲，就在這時，孫權派魯肅向劉備提出了聯合抗曹的主張，這正與劉備、諸葛亮的想法不謀而合。隨後，孫權以周瑜、程普為左右督，率軍三萬，溯江而上，與劉備的二萬人馬會師。

這時曹操已沿江東下，進到烏林（今湖北嘉魚西北），孫權、劉備屯在赤壁（今湖北嘉魚東北），彼此隔江對峙。曹軍先攻但初戰失利，接著吳將黃蓋趁曹軍不習水戰又患疾疫不適風浪，建議火攻，

《赤壁大戰》國畫

並詐稱投降，以船數十艘，灌滿油脂，蒙以帷幕，順風放火，將曹軍首尾相連的戰船燒得煙焰沖天，曹軍大敗。曹操只得帶領殘兵，經由華容（今湖北鹽利西北）小路狼狽逃回。

赤壁之戰後，曹操退居北方；江東孫權，經過此戰，不僅穩固了統治，而且繼續向東南擴張，後以建鄴（今南京）為中心建吳國；劉備乘機奪取荊州四郡，後又滅劉璋佔領益州，建蜀國。故稱赤壁之戰基本上奠定了三國鼎立的局面。

33 「光武中興」的局面是怎樣出現的？

綠林、赤眉起義軍推翻了王莽政權，打擊了地主階級。西元二十五年，劉秀的軍隊鎮壓了赤眉軍，逐步消滅了各地的起義軍和割據勢力，完成了國家的統一。他建都洛陽，重建漢政權，史稱光武帝。為了緩和階級矛盾，改變經過連年戰爭而導致的經濟凋敝的局面，光武帝劉秀調整了統治政策，減輕了對人民的壓迫和剝削。他先後下了九道釋放奴婢和禁止殘害奴婢的命令，廢除了王莽時期的苛捐雜稅，並且減輕租稅為三十稅一。此外，他提倡節儉，整頓吏治，懲處貪官污吏。在他統治期間，政治清明，經濟持續發展，全國出現了長久未出現的較為安定的局面，歷史上稱這段時期為「光武中興」。

34 東漢末年黃巾起義的原因和特點是什麼？

東漢時期，豪強地主在政治上、經濟上享有特權，把持地方和中央政權，並且建立起了規模很大的田莊。他們在自給自足的田莊裡，奴役著上萬家「徒附」（依附農民，即農奴），徒附終年勞動，不得離開，田莊設有「家兵」，巡邏守衛以防備農民的反抗。大地主田莊的發展，使廣大農民失去田地，受盡壓迫剝削，處境十分痛苦。東漢中期以後，外戚、宦官交替控制中央政權，他們都是統治階級中最腐朽的政治代表，瘋狂掠奪民財，長江中下游和山東半島一帶的農民起義不斷發生。西元一八四年，終於爆發了全國規模的黃巾大起義。

黃巾起義領袖張角創立了宗教組織「太平道」，以給群眾治病為名，傳教發動群眾。十多年間，太平道由二十幾人發展成三十六萬，大方一萬多人，小方六、七千人。張角提出「蒼天已死，黃天當立，歲在甲子，天下大吉」的口號，號召農民推翻東漢政權，約定三月五日各地同時起義，後由於叛徒告密，起義提前，起義軍因人人頭裹黃巾，故稱「黃巾軍」。黃巾大起義是一次有準備、有組織的農民起義，並且是我國歷史上第一次利用宗教發動群眾、組織群眾的農民起義。

35 班超是如何經營西域的？

西漢末年及王莽統治時期，中央集權力量衰弱，失去了對西域的控制能力，匈奴乘虛而入，控制了西域。東漢明帝於西元七十三年派竇固出使西域，進駐伊吾，並進行屯田守備，竇固又派班超率領三十六人，到南道各地聯繫。班超來到鄯善，不久，北匈奴使者也來此，鄯善王猶豫未決，班超遂率吏士夜襲匈奴使者，斷了鄯善王的退路，使鄯善王決定歸漢。「不入虎穴，焉得虎子」的典故也由此而來。

接著班超又征服于闐，次年又打破匈奴人立的疏勒王，改立疏勒人為王。班超經過多年努力，驅逐了匈奴勢力，控制了西域南道。

西元七十四年，東漢重設西域都護。班超於西元九十年擊破大月氏貴霜王朝後震撼西域，後東漢擢升班超為西域都護。班超在西域經營三十年，直至西元一〇二年回洛陽後去世，為中國統一的多民族國家的鞏固和發展做出了卓越貢獻。

另外，「投筆從戎」的故事也是說班超的。班超起初做官府的抄寫小吏，後來想到大丈夫應

班　超

當立志報效國家，不必做這些小事，毅然放棄抄寫而報名參軍。班超確實是我國歷史上一位十分值得紀念的人物。

36 什麼是「董卓之亂」？之後形成了怎樣的局面？

西元一八九年，漢靈帝駕崩，何皇后之兄何進任大將軍，立漢少帝劉辨為帝，與袁紹密謀鏟除宦官集團，並召當時任涼州刺史的董卓進京共舉此事。董卓尚未進京，事已洩露，宦官張讓殺掉何進，袁紹率兵關閉北宮門，盡殺宦官二千餘人，一舉結束了為時長久的宦官專政局面。不久，董卓入洛陽，廢少帝，另立陳留王劉協為帝，史稱漢獻帝。董卓專權，挾漢獻帝至長安，放棄洛陽，並迫使居民隨遷關中，放火燒毀洛陽附近百餘里內的村舍，駐大軍於潼關外，「挾天子以令諸侯」，歷史上稱這次變故為「董卓之亂」。

後來，地方州、牧、郡亦謀自立，共推袁紹為盟主，

董卓

討伐董卓，董卓在長安被司徒王允及其部將呂布所殺，關東盟軍也隨之瓦解，幾年後合併成了若干個強大的軍閥勢力集團，形成軍閥割據局面。袁紹佔據冀、青、並三州；曹操佔據兗、豫二州；公孫瓚佔幽州；公孫度佔據遼東；馬騰、韓遂佔據涼州；陶謙、呂布先後佔據徐州；袁術佔據淮南；劉表佔據荊州；劉焉佔據益州；孫策佔據江東，此外還有未得固定地盤的流浪軍閥劉備。軍閥連年征戰，黃河、渭水、淮水流域人口流亡，土地荒蕪，滿目淒涼，社會生產遭到了極大的破壞。

37 官渡之戰是怎麼回事？

官渡之戰是曹操與袁紹兩大軍閥之間的一場決戰，是我國歷史上以弱勝強、以少勝多的著名戰例。

曹操於西元一九六年將漢獻帝挾持到許（今河南許昌東）後，「挾天子以令諸侯」，並且募民屯田許下，修耕植，儲軍資，得穀百萬斛，有了較為充足的軍糧，麾下又集合了許多豪強地主武裝，曹操的勢力逐漸強大起來，成為當時軍閥中強有力的一股勢力。

西元一九九年，袁紹擊敗公孫瓚，其勢力已橫跨冀、青、幽、並四州之地，又北與地主貴族聯合，其祖、父四世五人居三公之位，為當時有名的世族大家，有極強的號召力，且實力雄厚，成為北方最強的軍閥勢力。此時，袁紹可謂兵多、將廣、糧足，在擊敗公孫瓚後，又選「精兵十萬，騎萬騎」，欲舉兵南下，消滅曹操，進據黃河流域。西元二〇〇年，袁曹之間遂有官渡之戰。

曹操用於抵抗袁紹的兵力約二萬人，兵將糧秣遠不如袁紹多，在數量上處於劣勢，曹操死守官渡（今河南中牟縣東北）。袁紹軍糧囤積於烏巢（今河南延津南），而以大軍下官渡。袁紹久攻官渡不下。曹操卻以精兵五千襲擊烏巢，焚毀了袁軍的全部軍糧，殺死烏巢守將淳於瓊，袁軍大亂，曹操乘勝出擊，大敗袁軍，袁紹與其子袁譚只領八百騎兵逃回河北。這就是歷史上著名的以弱勝強、以少勝多的官渡之戰。

官渡之戰後，袁紹一蹶不振，於西元二〇二年病死，袁軍內部出現分裂。西元二〇四年，曹操佔據袁紹原來的全部地盤，後又擊敗袁尚與烏桓聯軍，統一了北方。

38 曹操的「唯才是舉」政策是怎麼回事？有什麼歷史意義？

西元二一〇年，曹操下「求賢令」，提出「明揚仄陋，唯才是舉」，以此作為他的用人標準，其實曹操早在這以前就反對以門第和德行作為選官標準。西元二〇三年，他發布了《論吏士行能令》，批判了選官重「德行」不問「功能」的論調，而提出「不官無功之臣，不賞不戰之士」的用人標準。繼西元二一〇年提出「唯才是舉」政策後，於西元二一七年，便發布了「舉賢勿拘品行令」，在令中甚至提出對那些雖「負污辱之名，見笑之行，或不仁不孝而有治國用兵之術者，要盡皆舉薦，勿有所遺」。

曹 操

曹操的「唯才是舉」政策有其偉大的歷史意義。首先，它打破了東漢以來世家大族把持政權、壟斷仕途的局面，對士族在政治上是一個嚴重打擊；其次，它擴大了曹操統治集團的勢力，增強了曹操政權的基礎。在「唯才是舉」政策下，大批有才能的中小地主分子被吸收到曹操政權中去，這對於整頓吏治是有積極作用的。

39 什麼是「七步詩」？它是怎麼出現的？

「七步詩」是三國時期魏國東阿王曹植於七步之內做出的一首詩。

曹操死後，兒子曹丕即位，史稱魏文帝，曹丕非常嫉妒弟弟曹植的才華，便想殺掉他，於是在一次上朝時讓他在七步之內做出一首詩來，如果做不出，就要將他處死。曹植確實聰明過人，真的在七步之內作出了一首詩：「煮豆燃豆萁，豆在釜中泣。本是同根生，相煎何太急！」意思是說煮豆子的時候燒的是豆桿，而豆子在鍋中哭泣，豆子與豆桿本是同一個根生長的，為什麼要這樣急著互相殘害呢？暗指曹丕與他雖為親兄弟，卻容不下他。曹丕聽了非常慚愧，於是下令釋放了曹植，「七步詩」也由此而產生，成為後人經常吟誦的詩句。

曹植

40 「樂不思蜀」是怎麼一回事？

西元二六三年，三國之一的蜀國滅亡，蜀國後主劉禪被司馬昭俘虜。一次，司馬昭（魏國大將軍）和劉禪一起吃飯，為劉禪表演蜀國的民間舞蹈，劉禪的侍從都感到悲哀，劉禪卻像平時一樣高興地笑著。司馬昭看到這種情形，便問劉禪：「你想念四川的老家嗎？」劉禪說：「心裡很快活，不想家。」劉禪原來的大臣郤正聞言悄悄跟劉禪說：「如果司馬昭再這樣問您，您應該哭著回答：『先輩的祖墳遠在隴蜀，我的心因懷念西方而悲痛。沒有一天不想的。』然後閉上眼睛。這樣，司馬昭可能會放我們回去，我們就可以再招兵買馬，以圖恢復漢室江山。」司馬昭早注意到了這一點，過了一會兒又問劉禪想不想家，劉禪就將郤正所教的話說了一遍，然後閉上眼睛。司馬昭說：「這話怎麼很像是郤正的話？」劉禪驚訝地睜開眼睛說：「正是郤正這麼教我說的。」司馬昭和他左右的人都禁不住大笑起來。

41 三國鼎立的局面是怎樣結束的？

三國之中，魏國最強，蜀國最弱，但諸葛亮在北線採取積極進攻的策略，他曾多次親率大軍北伐，與魏爭奪關中、隴右地區。西元二三四年，他率軍進屯五丈原（今陝西郿縣），與司馬懿相持百餘日，諸葛亮因積勞成疾，病死軍中，蜀軍撤退。諸葛亮北伐略獲勝利，但損失甚大，終因蜀漢弱小，人力物力缺乏，不能獲得決定性勝利。諸葛亮死後，姜維任大將軍，多次率軍北伐曹魏，難得進展。西元二六三年，魏大將軍司馬昭派征西將軍鄧艾、鎮西將軍鍾會、雍州刺史諸葛緒，數路攻蜀，劉禪降魏，蜀國滅亡。

滅蜀後，司馬氏在魏國的權勢進一步增強。西元二六五年，司馬昭死後，其子司馬炎廢魏元帝曹奐，自立為皇帝，國號晉，仍定都洛陽，史稱西晉。晉建立後，準備滅吳，令益州刺史王濬在蜀監造戰艦，訓練水師。吳自孫權死後，內部不和，而孫皓統治期間，政治黑暗，民不聊生，因而造成階級矛盾尖銳。西元二七九年，晉發兵二十萬大舉伐吳，水師由王濬帶領，順江而下。次年，孫皓投降，吳滅。至此，三國鼎立局面結束，西晉統一中國。

42 什麼是「八王之亂」？它因何而起？有什麼後果？

「八王之亂」是西晉建國後不久發生在統治階級內部的一場大禍亂，它自西元二九〇年宮廷政變起，至西元三〇六年東海王司馬越立晉武帝第二十五子司馬熾為晉懷帝止，前後持續了十六年。

「八王之亂」是魏晉以來開始膨脹的士族地主階級的凶殘、陰毒、腐朽本質的集中體現，其發生的根源是西晉的黑暗統治。西晉在前十年裡維持了一種表面的繁榮，以士族大地主為中堅的統治集團貪暴奢侈成風，像蛀蟲一樣吞噬無數財富，西晉統治階級極其腐朽，社會內部醞釀的各種矛盾日趨激化，統治集團內部爭權奪利的鬥爭日益突出，因此建國後不久即發生了「八王之亂」。

「八王之亂」雖屬西晉統治集團內部的鬥爭，對社會生產力的破壞則是巨大的，如河間王司馬顒部將張方率軍攻入洛陽後，大開殺戒，死者萬計，他們還大肆搶劫，皇宮府藏也未能倖免。諸王在混戰中還有意請來少數民族的貴族參加，從此中原成了入塞胡騎馳騁的天下，而西晉政權也正是在「八王之亂」自相殘殺的過程中踏上滅亡之路的。

43 什麼是「五胡亂華」？有什麼影響？

東漢以來，中國北部和西北部邊境的少數民族開始向長城以內和黃河流域一帶移動，他們的不斷內遷，給當時中原地區與漢族封建政權帶來了極大的影響，史稱「五胡亂華」。所謂「五胡」，一般是指匈奴、鮮卑、羯、氐、羌等五個較主要的北方少數民族。

中原漢族的封建統治者對內遷的少數民族實行了殘酷的經濟剝削和政治壓迫，而當五胡建立了自己的國家（主要是在北方，稱十六國，與東晉對峙）後，也實行反動的民族政策，北方的漢人大批南逃，這些都在很大程度上阻礙了北方經濟的發展。但是，我們也應看到，漢晉以來北方少數民族內遷也帶來了積極的後果，它推動了北方地區的民族大融合，這在我國統一的多民族國家發展史上，無疑有著極其重要的意義。

44 淝水之戰是怎麼一回事？

苻堅是前秦的皇帝，即位後，任用王猛做宰輔大臣，治理朝政。王猛是個非常精明能幹的人，在他的輔佐下，前秦逐漸強大，並陸續統一了中國北方。然而王猛死後，苻堅卻不能冷靜地觀察天下形勢，被勝利沖昏了頭腦。他一意孤行，於西元三八三年，下令大舉進攻東晉。此時苻堅自恃擁兵百萬，武備精良，認為軍隊之多，可以投鞭斷流，甚至在出兵前預先為東晉君臣準備好了官祿甲第。

然而，苻堅在發動戰爭時，不僅國內危機四伏，而且他對對手也缺乏正確的認識。當時的東晉，在謝安等人的治理下，群臣協心，社會比較穩固，加上又有一支驍勇善戰的軍隊，因此並非像苻堅所想像的那樣不堪一擊。

秦、晉兩軍對峙於淝水兩岸，東晉將領謝玄讓苻堅將軍隊稍微後撤些，以便晉兵能渡河會戰，與秦軍決一雌雄。苻堅以為有機可乘，企圖待晉兵半渡時，讓騎兵出擊，打垮晉軍，於是不顧將領們的反對，將軍隊後撤。結果，一退而不可止，東晉乘機進擊，秦軍折戟沉沙，潰不成軍，敗兵如驚弓之鳥，以致風聲鶴唳，拼命逃跑，秦兵一路上風餐露宿，饑寒交迫，損失慘重，這就是歷史上著名的「淝水之戰」。

45 祖逖北伐是怎麼回事？

祖逖，范陽遒（今河北淶水縣北）人，出身士族地主。西元三一一年，劉曜陷洛陽，他率領

祖　逖

宗族數百家南遷至京口（今江蘇鎮江），祖逖上書司馬睿，以為北方民心可用，請師北伐。而司馬睿一心想鞏固他在江南的統治，對北伐並不熱心，故命他為豫州刺史，只給一千石糧和三千匹布，不給兵器和士卒，要他自行招募士卒，鑄造兵器。西元三一三年，他率原來的宗族部屬百餘家渡江北伐，渡江時曾擊楫發誓曰：「祖逖不能清中原而復濟者，有如大江。」他在淮陰治鑄兵器，招募士卒二千人，進軍到今天河南一帶，大破石虎、石勒軍隊，收復黃河以南地區，使石勒「不敢窺兵河南」。正當祖逖準備渡河北上，收復失地時，司馬睿怕他功高勢大，於己不利，派戴淵為征西將軍，都督兗、豫、幽、冀、雍、並六州諸軍事，並節制祖逖，扼制其後路。此時東晉統治者內部鬥爭激烈，王敦之亂也在醞釀中，滿腔熱忱以恢復中原為己任的祖逖，終於憂憤成疾，於西元三二一年病死軍中。祖逖死後，收復的土地又丟失了。

另外，關於祖逖還有一件事，那就是「聞雞起舞」的故事。少年時的祖逖一心想收復中原，便加緊苦練武藝，每天早晨雞一叫就起來舞劍，「聞雞起舞」由此而生。

46什麼叫士族制度？士族的腐朽性表現在哪些方面？

魏晉以來，在地主階級中有了士族和庶族之分，形成了士族制度。到了東晉，士族制度得到充分發展，士族在經濟上佔有大批土地和勞動力，在政治上享有特殊地位，高門士族世世代代擔任重要的官職。

士族在社會上有特殊地位，他們講究身分和門第的高低，不與庶族通婚，共坐，不穿同樣的衣服，甚至不互相往來。士族子弟不學無術，整天遊蕩，吃喝玩樂，生活腐化，是一群極端腐朽的社會寄生蟲。南方士族勢力到南朝末年才逐漸削弱。到了隋唐時期，由於實行了科舉制度，重視門第高低的觀念不復存在，士族更加趨於衰弱。到唐末農民起義時，在黃巢農民起義的打擊下，士族制度徹底瓦解。

47北魏孝文帝改革是怎麼回事？

北魏自西元三八六年由拓跋珪建立，西元四三九年太武帝拓跋燾時，統一了北方，結束了十六國混戰不休的局面，再經三代，傳至孝文帝拓跋宏。面對當時民族融合的大趨勢和受先進漢文化的影響，孝文帝實施了一系列的改革措施，主要有：為了限制官吏對人民的任意盤剝而實行俸

北魏孝文帝

祿制；實行均田制和三長制。均田制不難理解，所謂三長制是五家為鄰，五鄰為里，五里為黨，各設其長，三長專司檢查戶口，徵收租稅和催發徭役，加強了政府對人民的控制。由於當時京都土地貧瘠，而且加強對廣大中原的統治還須爭取地主的支持。因而西元四九四年孝文帝毅然衝破上層貴族的阻力，遷都洛陽，同時進行了一系列的漢化改革。

孝文帝的改革，曾引來保守的鮮卑貴族的反對，太子元恂還因此陰謀叛亂，孝文帝將其處死，並鎮壓了舊都平城（今山西大同）的多次叛亂，保障了改革的貫徹和實施。改革的成果也是顯著的，改革後，北方形成了相對穩定的政治局面，人口大大增加，農業、手工業及商業均有了長足的進步。

總之，孝文帝改革對促進北方社會經濟發展和各民族大融合有著極其重要的意義，拓跋宏本人也因順應了歷史發展的趨勢，從而成為中國歷史上的傑出帝王。

48 隋朝是怎樣統一的？又是怎樣迅速滅亡的？

在南北朝對峙時期，廣大人民渴望全國統一。北方民族的大融合，江南經濟的發展，為統一創造了條件。西元五八一年，北周外戚楊堅奪取北周政權，建立隋朝，定都長安，楊堅就是隋文帝。隋文帝實行了一系列政治經濟改革，使國力強盛起來，不論在政治、經濟還是軍事力量上都大大超過了地處江南的陳朝。西元五八九年，隋滅掉陳，結束長期分裂的局面，重新統一了全國。

隋統一後，社會經濟有了較大發展，隋文帝年號「開寶」，因此出現了「開寶之治」的局面。但是隋朝的第二代統治者隋煬帝楊廣奢侈腐化，濫用民力，前後三次征伐高麗，無休止的徭役和兵役奪去了千萬農民的生命，隋煬帝的殘暴統治，激起了農民的無比怨恨。西元六一一年，山東長白山農民首先發動起義，各地紛紛回應。西元六一六年至西元六一七年，起義軍在滎陽和洛陽附近的一系列戰役中，大敗隋軍，壯大了自己的力量。到六一七年，隋末農民大起義進入了高潮，地處中原的瓦崗軍（翟讓、李密領導）和河北起義軍（竇建德領導）、江淮起義軍（杜伏威領導）控制了大片地區，隋軍只能困守長安、洛陽、江都等幾個大城市，隋政權逐步瓦解。西元六一八年，隋煬帝在江都被部將殺死，腐朽殘暴的隋政權在農民革命的大風暴中覆滅了。

49 「三省六部制」是怎麼回事？

在中國封建社會職官制度上，隋唐時期建立的「三省六部」制度，影響較為深遠。「三省六部制」最早出現在隋朝，在唐朝得到進一步地完善。

「三省六部」都是封建政府的中央機構。「三省」指尚書省、中書省（隋朝時稱為內史省）、門下省。尚書省掌管行政，長官是尚書令和左、右僕射；中書省掌管軍國政令，負責起草制定政策，也是決策機關，長官是中書令和中書侍郎；門下省掌管政令的審核，進行議論封駁，政令不善者可以駁回，長官是侍中（隋朝時稱納言）和門下侍郎。三省長官號為宰相。

「六部」是尚書省統轄下的六個部，即吏部、戶部（隋朝時稱度支）、禮部、兵部、刑部（隋朝時稱都宮）、工部，具體負責人事、財政、禮儀、科舉、軍事、刑法、工程等國家事務，各部長官稱為尚書。

「三省六部制」的出現，反映了我國封建主義的中央集權制度進一步趨於成熟。「三省」分掌決策、審議、執行之權，提高了國家機器的效率，減少了失誤，有利於強化中央集權的封建統治，有利於鞏固統一，有利於經濟和文化的發展。因此，隋唐的「三省六部制」在歷史上起過積極的作用，並對後世封建社會的職官制度產生了深遠的影響。

50 科舉制度產生於何時？為什麼會產生？有什麼意義？

科舉制度於隋煬帝時正式產生，到唐朝時正式確立。

東漢末年的曹操最早提出「唯才是舉」，之後曹丕又實行了九品中正制。九品中正制就是通過各州、各郡中正官的品評，把人才分為上上、上中、上下、中上、中中、中下、下上、下中、下下九等。被評為上等的人才將推薦給各級政府，吏部選拔官員時要向中正官徵詢被選者的家世情況、品級。晉以後就完全由家世確定品級，形成了重家世輕德才的風氣。所謂「平流進取，望至公卿」的說法，就是對這種積弊的抨擊，這樣就形成了豪門世家把持各級官僚機構的局面。

隋朝統一中國，文帝時廢除了九品中正制。隋煬帝時開始開科取士，建立了二科、十科等，由於科舉面向的是全國範圍的讀書人，因此是封建統治者網羅人才的有效辦法。

科舉制度擴大了封建統治的社會基礎，同時通過考試，任用了大批有才幹的封建知識份子，為中國隋唐以後官僚制度的穩定發展提供了範式，具有深遠的影響。

51「玄武門之變」是怎麼一回事？

唐朝建立以後，四方豪傑紛紛歸附，李世民趁機網羅了許多人才，諸如長孫無忌、房玄齡、杜如晦、秦瓊、尉遲恭等。但是太子李建成也非等閒之輩，他協助李淵處理政務頗得器重，在朝中有不少支持者，同時他還聯合了齊王李元吉。雙方為了贏得主動，不惜收買對方屬官。李建成收買李世民重要將領沒有成功，而李世民則以收買李建成麾下較低級官員為主，將王晊收買了。

西元六二〇年，突厥南下犯邊，李建成向高祖推薦李元吉出征，並擬調秦王（李世民）府中大將尉遲恭等出征，謀劃趁機殺掉李世民。但此計被王晊洩露，李世民乘機內應外和，先發制人。六月四日晨，李建成、李元吉早朝，李世民設伏兵於玄武門（宮城北門），射死了李建成和李元吉，這就是俗稱的「玄武門之變」。不久李淵退位，李世民登基，次年改元貞觀，史稱唐太宗。

52「吃醋」的典故出自何處？

李世民即位以後，為了犒賞身邊大臣房玄齡幫他奪取王位、統一天下的大功，封房玄齡為梁公，位居宰相之首，並準備送給他幾名美女為妾，房玄齡想到自己的夫人一定會反對此事，便婉言謝絕了。李世民問明原因，就讓皇后專門去房府勸說房夫人，誰知房夫人不給皇后面子，將皇后堵了過去，李世民聽說房夫人是如此態度，心中有些不快，於是便想了一個辦法。

一天，李世民派人送了一壺酒向房夫人傳話：如果再不同意就讓她服毒酒自殺。房夫人聽罷，毫無懼色，端起毒酒一飲而盡。結果，房夫人並沒有死，因為壺裡裝的不是毒酒而是醋。房夫人的剛烈表現，一時被傳為佳話。久而久之，「吃醋」便成了男女間「嫉妒心」的代名詞。

53 「千里送鵝毛」的典故是怎麼來的？

唐太宗時期，唐朝出現了「貞觀之治」的大好局面，無論北方胡夷，還是南方蠻族，莫不競相朝聖長安，獻上珍奇異寶以求得太宗賞賜，疆土平安。在雲南有個叫緬氏的當地土司，出於對太宗的尊敬，特地組織狩獵高手，在莽莽群山中的沼澤裡捕獲了一隻潔白的天鵝，派人專心餵養，這隻白天鵝羽毛潔白如雪，熠熠閃光，十分可愛。

一天，土司決定委派部將緬伯高攜帶這

唐太宗

隻白天鵝，千里迢迢去長安進獻。

時值酷暑，天熱難耐，白天鵝在籠子裡一會兒仰脖長鳴，一會扇起翅膀，緬伯高知道該給它喝水了。當走到一個湖邊時，緬伯高把籠子打開放它出來飲水，不料白天鵝飲畢，立即一聲長鳴，然後振翅飛走了，緬伯高立刻撲上去捉，然而只在水面上撿到一根美麗的鵝毛，似乎是白天鵝特地留下的紀念品。緬伯高百感交集，得知此地是湖北沔陽，旋即寫了一首詩，與白羽毛一塊包起來繼續趕路。

到了長安敬獻珍寶，李世民打開一看，是一首詩裹著一根潔白的羽毛，那詩寫道：「**天鵝貢唐朝，山高路又遙，沔陽湖失寶，倒地哭號啕！上復唐天子，請饒緬伯高，禮輕情義重，千里送鵝毛。**」

唐太宗看罷，明白了其中情由，非但沒有絲毫怪罪，反而降旨加以重賞，表彰其誠意忠心，緬伯高等人帶著唐朝皇帝賞賜的大批寶物滿載而歸。

從此，「千里送鵝毛」的故事被人們廣為流傳。

54 武則天爲什麼造字？

武則天做了皇帝之後，便想方設法樹立自己的威信，大搞個人崇拜，大有改天換地之勢。她認為自己是天空中的日月，光輝普照天下，為百姓送來光明，帶來溫暖，於是她便造了一個「曌」字，並為自己改名武曌（讀照）。

當時幽州有位書生，為了迎合武則天的癖好，便向武則天上書說：「國家的『國』繁體字是這樣寫：國字方框中的『或』，像『武』，有『亂天象』之嫌。當今之國，乃『武』姓之國，應當將『口』中的『或』字改為『武』字，這樣上承天意，下合民願。」武則天看了那個書生的奏章後，非常高興，馬上詔令天下將方框中的「或」字改為「武」字。然而此字推行不久，又有人上書說：「把『武』字放入『口』中，與把『人』字放入『口』中的『囚』字同意，是不祥之兆，請速停用！」武則天認為很有道理，遂下令停用此字，可她又想，如果還用原來的字，豈不難堪？於是她為了標新立異，又將方框之中改為「分」字。「分」是「八方」的簡筆，意為四面八方都歸武氏管轄，但是此字也沒有得到推行。

55 玄奘西遊是怎麼回事？

玄奘俗姓陳，名褘，隋末按照朝廷的要求出家為僧。西元六二四年，朝廷掀起了一場關於儒、道、佛的大辯論，結果佛教慘敗，玄奘

玄　奘

認為失敗原因是佛教內部派系紛爭而削弱了力量，於是決定「就西域，廣求異本參驗之」。

西元六二七年，玄奘上書要求西行，但當時唐朝還未能統一全國，因此被拒絕。同年秋天，長安遭受自然災害，朝廷下令人民可外出謀生，玄奘在混亂中出了長安，孤身踏上萬里征途。

出長安後，玄奘途經玉門關、新疆、亞細亞地區，然後翻過帕爾米高原，到達現在的阿富汗，再折向東南翻山越嶺，最後到達印度。

到印度後，玄奘訪遍名僧大寺求學問道，很快成為當時極富聲望的佛學家，在西元六四一年有三千僧侶參加的佛學辯論後名震天竺。後來又歷經艱險，於西元六四五年回到長安，結束了他歷時十九年、跋涉五萬多里的漫漫征程。在長安西部，玄奘受到朝野僧侶的「空城出觀」的熱烈歡迎。

不久，唐太宗在洛陽召見了他，詳細詢問了他周遊西域各國的見聞，准許他翻譯帶回來的佛經，並傳播佛學，而玄奘也把他所經歷的情況口述出來，由其門徒編著成了聞名世界的《大唐西域記》一書。

玄奘西遊是我國歷史上的一次壯舉。《大唐西域記》也記載了一些唐代我國西北少數民族的生產、生活情況，具有巨大的歷史研究價值。

56 鑒眞東渡是怎麼回事？

鑒眞俗姓淳于，自小受父親影響，立志向佛，二十六歲以後便成為聞名遐邇的受戒大師。當時的日本宗教界非常希望有中國的高僧為日本僧人受戒，以便像中國一樣能夠嚴格控制取得僧籍的資格。西元七四二年十月，日本僧人榮睿、普照等赴揚州拜謁鑒真，請他東渡弘法，鑒真欣然答應。

但當時唐朝政府海禁較嚴，再之自然環境的惡劣，所以鑒真在六年之中五次東渡都沒有成功。第一次，西元七四三年四月，被官方指控為勾結海盜；第二、三次，在西元七四三年十二月，船舶遭颶風觸礁；第四次，西元七四四年，被官方押送回籍；第五次，西元七四八年，又遇颱風漂至海南島。但是，這些挫折並沒有使年逾花甲而且雙目失明的鑒真屈服，他終於在西元七五三年第六次東渡，於十二月踏上了日本國土，實現了幾年來的夙願。

鑒真東渡是中日友好發展史上非常重要的一件事，中國古老的文明通過此行傳播到了日本，在一定程度上影響了日本的政治、經濟和文化各個方面，尤其是文化方面，至今仍閃爍著唐文化的光彩。

鑒真坐像

57 唐朝爲什麼會接連出現「貞觀之治」和「開元盛世」？

唐太宗即位時，面臨的是一個百廢待興的局面，他親眼目睹了在農民起義打擊下的一個既富且強的隋朝頃刻而覆，而且「惕焉震懼」。太宗常以「君者，舟也；庶人者，水也，水則載舟，水則覆舟」的古訓警示自己，大臣也不斷用這些話進諫。君臣同舟共濟，勵精圖治，使得貞觀年間政治清明，社會穩定，經濟有了長足發展，人民安居樂業，出現了史家所稱的「貞觀之治」。

從貞觀年間起步的這股經濟發展勢頭，一直保持到百年後的唐玄宗開元年間。玄宗李隆基，是唐朝繼太宗之後又一位頗有作為的皇帝，他上臺伊始，厲行均田制度，改革吏治，使一度中斷的清明政治得以繼續，從而促使社會經濟、文化有了更進一步的發展，中國封建社會出現了前所未有的盛世局面，因為這種情形主要持續在玄宗前期的開元年間，因此被稱為「開元盛世」。

58 文成公主入藏是怎麼一回事？

中國是一個統一的多民族國家，歷史上曾有許多人為民族大家庭的團結和友好做出了卓越貢獻，文成公主便是其中的一位。

七世紀上半葉，青藏高原上崛起了一個強盛的吐蕃政權，在贊普（國王）松贊干布的統治下，國力強盛。當時唐朝經濟繁榮，文化發達，吐蕃各部首領競相與唐王朝交好，並以與唐宗室聯姻為榮。而當時的太宗李世民，為了保證邊疆無事，各族友好，也大力推行和親政策。西元六四〇年，松贊干布派使臣前往求婚，唐太宗答應了吐蕃的請求，決定將文成公主嫁給松贊干布。西元六四一年，文成公主在禮部尚書江夏王李道宗的護送下，前往吐蕃。松贊干布在吐蕃邊境柏海（今札陵湖）迎接文成公主入藏，為示友好，松贊干布特按唐朝禮儀舉行了迎親儀式，與李道宗相見時執子婿之禮，以示敬意。

西藏大昭寺文成公主金像

松贊干布

文成公主入藏，帶去了大量技工、工匠、書籍、種子等等，把先進的唐文化傳入吐蕃，促進了西藏地區的經濟文化的發展，為漢藏關係的友好發展做出了不可磨滅的貢獻。

59「安史之亂」是怎麼回事？

安祿山是營州柳城混血胡人，狡詐多智，深得唐玄宗的寵信，但是他早就覬覦唐朝的統治權，最終於西元七五五年十一月九日，在經過十年準備之後，公開舉起了反叛的旗幟。而這時唐朝在表面繁榮的背後，朝政黑暗腐敗，社會矛盾加劇，守邊部隊大大超過中央禁軍，因此安軍一路勢如破竹，不到一個月，席捲河北，渡過黃河，直達洛陽。面對如此形勢，唐玄宗驚惶失措，無奈之下招募新兵應戰，但這些烏合之眾一經接戰即潰不成軍，洛陽陷落，安祿山稱「雄武皇帝」，國號「燕」。後來形勢一度對中央有利，但玄宗不聽老將郭子儀、哥舒翰的建議，急於收復洛陽，結果非但洛陽未復，長安反而失陷，玄宗匆忙出逃四川。

西元七五六年，太子亨在靈武即位，史稱肅宗。次年，安軍內部火拼，安祿山之子安慶緒刺死其父，自己當了皇帝。郭子儀趁此機會，在回紇騎兵的幫助下，發動反攻，大敗叛軍，先後收復了長安和洛陽，安慶緒逃往相州，安軍主要將領史思明投降。

西元七五八年九月，肅宗調郭子儀、李光弼等率部六十萬進攻相州，但由於軍事安排、指揮上的失誤，遲遲未能發動進攻。史思明復叛朝廷，攻克魏州，聲援安太緒，進而殺死安慶緒，自立為帝，叛軍勢力復振。西元七六一年，叛軍內部失調，史思明之子史朝義弒其父自立，叛軍再次陷入混亂。西元七六二年肅宗死後，代宗即位，再次借回紇兵討伐史朝義。西元七六三年正月，史朝義走投無路，在廣陽附近自殺，長達八年的安史之亂至此結束。

安史之亂給人民帶來沉重災難，社會經濟遭到極大破壞，唐王朝也從此走向衰落。

60 什麼是「藩鎮割據」？

唐朝由於在安史之亂中國勢衰落，平叛將領也想保留安史餘部而自重，代宗無力收回他們的兵權，只得任命安史降將張忠志（後賜名李寶臣）、李懷仙、田承嗣分別為成德、幽州、魏傅節度使。這就是安史之亂後出現的第一批藩鎮勢力——「河北三鎮」，他們倚仗自己手中的兵權，獨立掌握地區的賦稅、戶口，不報中央，也不聽從朝廷的任免調遣，或父子兄弟相傳，或軍將自行代立，中央只能事後承認，藩鎮成了獨霸一方的割據勢力。

繼「河北三鎮」之後，內地也相繼出現了藩鎮割據，他們或興兵作亂，對抗中央；或時叛時服，割據地方，藩鎮之間和藩鎮內部也不斷爆發爭權奪地的戰爭。

藩鎮割據的出現，給人民帶來了巨大的災難，也嚴重威脅著唐王朝的安全，破壞國家統一。

唐中央政府為了削平割據，曾多次發動對藩鎮的戰爭，除憲宗時期討伐淮西、武宗時期討伐澤潞取得了一時勝利外，其他的或勞而無功，或以失敗收場。藩鎮割據也就成了不治之症，直至唐亡。

61 什麼是「兩稅法」？有什麼作用？

由於均田制破壞，租庸調制落空，為保證封建國家的賦稅收入，宰相楊炎在西元七八〇年向唐德宗建議實行兩稅法。兩稅法的主要內容是取消租庸調及各項雜稅的徵收，只保留戶稅和地稅，量出制入，戶稅按戶等高低收取，地稅按畝徵收穀物，分夏、秋兩季徵收等。

兩稅法是我國賦稅制度史上一次有重大意義的改革，具有重大作用：第一、租庸調制的徵收主要是依丁身，而兩稅法則主要根據土地的多少徵稅，標誌著農民對封建官府的人身依附有所鬆弛；第二、兩稅法在一定程度上改變了貧富不均的現象，因為兩稅法「唯以資產為宗」，地少者可以少交，沒地而租種地主土地的人，則只交戶稅，不交地稅；第三、兩稅法擴大了稅面，即使國家不增稅，也會大大增加收入。

但是，兩稅法僅嚴格執行了很短時間，不久，腐朽的統治者又增加了許多苛捐雜稅，人民的負擔成倍增加，生活比以前更加困苦。

62 「牛李黨爭」的代表人物是誰？爭的是什麼問題？

「牛李黨爭」是門蔭出身的官僚和進士及第出身的官僚之間進行的一場爭鬥。牛黨的黨首是牛僧儒，他和李宗閔等人是進士出身的官僚的代表。李黨的首腦是李德裕，是門蔭出身官僚的代表。牛李兩黨的分歧主要有兩點：第一、選拔官員的途徑。牛黨重科舉，重詩賦詞釆，因為詩賦詞釆是進士科舉考試的主要內容。李黨則相反，重經術，也就是重門第，屢次向皇上請求廢除進士科，這明顯代表著門閥士族的利益；第二、對待藩鎮的態度。李黨主張平叛，牛黨則主張姑息。

從唐文宗到唐宣宗，牛李黨爭達四十年之久，表面看來這是士族與庶族鬥爭的繼續，但是鬥爭的性質已與以往大不相同，因為庶族早已壓倒了士族，掌握了大權，已轉化成社會腐朽勢力，因此，兩黨都不能大力地改進當時的社會狀況，這種黨爭也沒有什麼積極的意義。在具體問題上，牛黨主張開科選士，李黨主張世襲當官，無疑牛優於李；李黨主張消滅藩鎮割據，牛黨卻主張維持，無疑李又優於牛。牛李黨爭使得唐朝末期的政治更加腐敗。

63 唐朝設置渤海都督府和黑水都督府的情況怎樣？

靺鞨是滿族的祖先，長期活動在東北的白山（長白山）黑水（黑龍江）一帶，在靺鞨各部落中，粟末部比較先進，西元六九八年，粟末部首領大祚榮建立政權，國號振。西元七一三年，唐朝封大祚榮為渤海郡王，以其所部為忽汗州，令大祚榮兼都督，忽汗州都督府又稱「渤海都督府」。從此粟末靺鞨就改稱渤海，臣服唐朝，它在最強盛的時候，南至朝鮮半島北部，東抵今俄羅斯海濱地區，境內有五京、十五府、六十二州，其都城在上京龍泉府（今黑龍江寧安縣世環鎮）。

西元七二五年，唐政府在黑水靺鞨部地設黑水軍，後又在其最大部落內設黑水都督府，以其首領為都督、刺史等官，並派內地官員為長史進行監督。西元七二八年，唐玄宗賜黑水府都督姓李，名獻誠，並授雲麾將軍兼黑水經略使。這兩個都督府的建立，說明唐王朝在當時已經在黑龍江流域、烏蘇里江以東的廣大地區建立了比較完整的行政機構，加強了這一地區同內地的經濟文化聯繫。

64 什麼叫「五代十國」？後周實行了哪些改革？有什麼作用？

西元九〇七年，朱溫滅唐，建立後梁，在以後的五十多年裡，相繼有後梁、後唐、後晉、後漢、後周五個朝代統治黃河流域，歷史上總稱為五代；而在南方各地和北方的山西，又先後出現了前蜀、吳、閩、吳越、楚、南漢、南平、後蜀、南唐、北漢等十個割據政權，總稱「十國」，「五代十國」由此而來。

到了五代後期，統一的趨勢日益明顯。為了鞏固統治，後周世宗柴榮進行了改革，他把無主的荒地分給逃亡人戶耕種，並查清田畝，下令取消苛捐雜稅，重視興修水利；他還整頓軍隊，嚴肅軍紀；親自掌管賞罰大權，要求自己不以喜賞人，不以怒刑人。這一系列改革，增強了後周的經濟、軍事力量，為結束分裂，完成統一奠定了基礎。

柴　榮

65 中國古代婦女的「裹足」產生於什麼時候？

古代婦女的裹足始於五代十國南唐後主李煜時期。

李煜，是五代十國南唐最後一個君主，他繼承帝位前一年（西元九六〇年），趙匡胤已發動了陳橋兵變，建立了北宋王朝。在南唐政權岌岌可危之時，他仍怠於政事，用情聲色。自從他看到一個叫嬪娘的容嬪纏足翩翩起舞的風姿以後，便在宮中傳令讓宮中嬪妃都要纏足，並且認為足纏得越小越好，走起路來婀娜多姿，並以什麼「三寸金蓮」、「三寸弓鞋」作為衡量「嬙娘」的標準。

到了宋朝以後，民間婦女也爭相效法，纏足之風很快遍及全國，男子求偶也將大腳小腳作為衡量女方美醜的標準之一。朱元璋的馬皇后腳大，百姓都以「馬大腳」稱之，有時故意在公開場合畫一幅女人像，把腳畫得很大，以影射馬皇后，戲弄朱元璋。由於社會的壓力，女子也就忍痛裹足了，這種陋習僅因李後主一時心血來潮，卻延續了上千年之久。

纏足女人

66 什麼是「陳橋兵變」？宋初是怎樣進行統一全國的鬥爭？

「陳橋兵變」是趙匡胤發動的奪取後周政權的軍事政變。

後周世宗柴榮死後，由其第二個兒子繼位，趙匡胤任殿前都點檢，即後周二禁軍統帥，掌握了後周的軍事大權。西元九六〇年春，他令人謊報北漢和遼會師夾攻，並奉命帶兵北上。大軍行至開封東北的陳橋驛，在趙匡義和謀士趙普的共同策劃下，將一件黃袍披在他身上，發動兵變，擁立他做皇帝。後趙匡胤回師京城，廢掉後周皇帝，奪取了政權，定國號為宋，史稱「北宋」，趙匡胤就是歷史上有名的宋太祖。

兵變之後，趙匡胤首先滅掉了統治集團內部的反對勢力，為穩定政局，接著就展開了統一全國的鬥爭。

由於南方富庶，是全國經濟的重心，那裡的幾個政權實力較弱，而北邊契丹人所建立的遼政權卻比較強大，因而採取了先南後北的戰略。從西元九六三年起，北宋出兵陸續消滅了南平、後蜀和南漢，接著又滅了南

宋太祖趙匡胤

方割據政權中勢力最大的南唐，南方其他割據政權也相繼歸附。西元九七九年，北宋又消滅了盤踞太原的北漢，從而結束了「五代十國」的分裂局面，使中原地區和河南統一起來。但是，北宋收復燕雲十六州的軍事行動卻一再失利，因此，北宋的統一是不完整的。

北宋之所以能順利結束五代十國的局面，主要是順應了歷史發展的潮流。人民飽受分裂戰亂的痛苦，迫切要求統一；另外，趙匡胤是個有作為的政治家，在統一戰爭中發揮了重要的作用。

67「杯酒釋兵權」是怎麼回事？

「杯酒釋兵權」是趙匡胤為加強中央集權而在軍事上採取的一個重要措施。

富有政治鬥爭經驗的趙匡胤非常清楚，自五代以來，朝代的更替基本上是隨著軍權的得失而轉移，為了防止「陳橋兵變」、「黃袍加身」之類的事件重演，他就必須設法解除高級將領的兵權。

趙匡胤在即位第二年（即西元九六一年）的秋天，宴請石守信等高級將領，勸他們不如多積金帛，獨自享樂，放棄兵

杯酒釋兵權

權，到地方上廣置良田美宅，自己既可以享樂一生，又可以使軍臣相安。這些將領們明白了趙匡胤此舉的目的，於是紛紛上表稱病，請求解除自己的兵權，趙匡胤只給他們一個無權的虛銜，在經濟上盡量滿足這些將領的欲望，用和平的手段將他們手中的兵權奪取過來。這也是宋朝建立之初加強中央集權的一個具體措施。

68 遼政權是如何建立的？「澶淵之盟」又是怎麼一回事？

遼政權是契丹族建立的，契丹是鮮卑族的一支，長期生活在遼河和灤河上游一帶，主要以游牧和狩獵為生。西元九〇一年，耶律阿保機繼承了契丹軍事首領的職位。西元九〇七年，又被推舉為可汗，他建築城郭，創立契丹文字，發展農業生產，加速了契丹封建化的進程。西元九一六年，耶律阿保機稱皇帝，建都臨潢府（今內蒙昭烏達盟巴林左旗南波羅城），正式建立了契丹政權，耶律阿保機即是遼太祖。

遼太祖乘五代軍閥混戰之機，不斷內侵，滅渤海政權，成為我國北方的一個強大的地方政權。西元九四七年，契丹國改國號為「遼」。

遼是北宋的勁敵，趙匡義（即宋太宗）在消滅北漢後，想乘勢收復燕雲十六州，結果大敗。公元九八六年，宋軍分三路大舉伐遼，也以慘敗告終。

西元一〇〇四年，遼軍二十萬大舉南侵，很快深入到靠近黃河的澶州，正面威脅著北宋的首都汴京。此時北宋群臣驚惶失措，宰相寇準主張堅決抵抗，並要宋真宗親臨前線抗遼，宋真宗勉強同意。真宗親征鼓舞了北宋軍民的士氣，集中在澶州附近的軍民越來越多，遼軍先鋒被射死在澶州城下，遼軍士氣受到很大挫折，再加上遼孤軍深入，補給困難，處境十分不利，因而謀求與宋議和，宋真宗派曹利用為使赴遼和談，雙方達成協定，這就是「澶淵之盟」。

協定規定，北宋每年向遼輸銀十萬兩，絹二十萬匹。這是北宋在取得初步勝利的情況下簽訂的屈辱協定，它反映了北宋王朝的軟弱無能，「澶淵之盟」給全國人民增加了額外的經濟負擔。

69 西夏政權是如何建立的？

西夏政權是由黨項人建立的，黨項是羌族的一支，長期生活在陝、甘、寧邊境地區。唐和五代各朝都承認黨項李氏對這一地區的統治。

宋太祖時，黨項曾向宋納貢。太宗、真宗在位時期，黨項酋長李繼遷時叛時降，元昊即位以後，不斷向西用兵，使其成為「東盡黃河，西界玉門，南接蕭關，北控大漠，地方萬餘里」的地方割據政權。

元昊是黨項族的傑出首領，他注意吸收漢族地主階級的統治經驗，多方招納漢族知識份子為其服務。他仿照宋朝政治制度設置了中央和地方行政機構，仿照漢文創制了西夏文字，並設蕃學來培養人才，統帥著一支十萬多人的精銳騎兵。這時，黨項已經向封建制轉化了。

西元一〇三八年，元昊正式稱帝，建都興慶（今寧夏銀川市），國號大夏，史稱西夏。元昊稱帝，打破了李繼遷之子李德明與宋的和議，不斷發動對北宋的戰爭，多數是西夏損失慘重，人民也厭惡戰爭，因此元昊不得不向宋提出議和。之後，兩地不斷增加交流，宋先進文化傳入西夏，促進了當地經濟文化的發展。

70 什麼是「交子」？它是怎樣出現的？

宋真宗時期，在四川出現了代替金屬貨幣的紙幣，這種紙幣稱為「交子」。

「交子」的出現，是北宋商業發展的產物。隨著農業和手工業的發展，北宋市鎮興起，城市繁榮，商品經濟出現了繁榮景象，作為交換媒介，不僅銅錢和鐵錢在市面上大量流通，而且白銀作為貨幣的一種也越來越多地出現在交換領域，當時甚至黃金也在市場上使用，只是數量較少罷了。

北宋「交子」圖

自唐中期以後，四川的商業有了較快的發展，北宋初期，在四川成都地區仍流行鐵錢。鐵錢有大、小兩種，大鐵錢每貫重二十多斤，小鐵錢每貫也有六斤多，攜帶起來極不方便，影響了商業發展。宋真宗時，在政府的許可下，成都十六家富戶共同印製紙製的「交子」，代替鐵錢在市場上流通，作為現錢使用，使用交子的人可以向交子鋪兌換現錢。後來，北宋政府看到發行交子有利可圖，同時幾家富戶財力也有限，於是交子改由官辦，三年為一期，到期用新交子代替舊交子，流通區域仍限於四川。北宋末年，改交子為「錢引」，大量發行，不具本錢，不斷貶值，給人民造成了很大的傷害。

交子不僅是中國最早的紙幣，也是世界上最早的紙幣。

71 王安石爲什麼要實行變法？變法取得了什麼成就？爲什麼會失敗？

從根本上說，王安石變法是為了緩和階級矛盾，改變北宋長期「積貧積弱」的局面，達到「富國強兵」的目的。具體說可分以下三個方面：首先是階級矛盾激化，官僚階層龐大，土地兼併日益發展；其次是財政危機；再次則是邊境危機。為了緩解北宋的社會總危機，維護地主階級統治，宋神宗任用王安石實行變法。

雖然王安石變法的根本目的是維護北宋封建地主階級的統治，但是他推行的新法令減輕了人

王安石

民的一些負擔，在客觀上促進了社會生產的發展。新法在一定程度上打擊了大地主、大官僚和大商人的利益，使政府收入有所增加，軍隊戰鬥力有所提高，邊境較前大為鞏固，初步改變了北宋長期「積弱」的局面。

但是，王安石變法是不徹底的，王安石變法只是封建統治階級內部的改良運動，不可能解決封建社會的主要矛盾。另外，變法觸動了大官僚大貴族的利益，所以在他們的反對下，革新派力量顯得十分薄弱，再加上變法派內部分裂（即神宗本人經常動搖），嚴重削弱了變法派的力量。

在新法推行中，各派保守官僚乘機營私舞弊，旨在利民的法令有時反起到擾民的作用，這就使推行新法的阻力越來越大，導致變法最終失敗。

72 北宋末年的宋江和方臘起義是怎麼回事？

王安石變法失敗後，北宋統治更加腐朽，階級矛盾日益激化，宋江和方臘起義就是北宋末年兩次最大的農民起義。

宋江起義軍活躍在山東、河北和江蘇北部，起義軍流動作戰，往往能以少勝多，屢敗宋軍，給北宋政府造成很大威脅。宣和初年，宋江在進攻沭陽和海州時，被張叔夜所敗，宋江投降，起義失敗。

方臘是北宋末年浙江農民起義領袖，雇工出身，方臘以明教發動和組織群眾，於西元一一二〇年秋發動起義，建立了農民政權，自號「聖公」，年號「永樂」，起義軍佔領了松州等六州五十二縣。東南各地人民紛紛回應，起義軍人數到近百萬，使東南大為震動。宋徽宗派童貫帶十五萬大軍前去鎮壓，方臘戰敗被俘，在東京被殺。方臘餘部又堅持了一年之久，到西元一一二二年最後失敗。這兩支起義軍都沉重打擊了北宋王朝的統治。

73 金政權是怎樣建立的？「靖康之難」是怎麼回事？

金朝是女真族建立的，女真是有悠久歷史的民族，長期生活在黑龍江、松花江流域和長白山一帶。西元一一一三年，完顏阿骨打擔任了女真部落聯盟的酋長，他積極領導進攻遼的鬥爭，並最後取得勝利。西元一一一五年元旦，阿骨打稱帝，國號「大金」，定都會寧府（今黑龍江省阿城縣東南），阿骨打就是金太祖。

阿骨打稱帝後，擴充軍隊，整頓部落組織，創立了女真文字，使金的力量迅速強大起來，金滅掉遼，控制了東北和華北廣大地區。

西元一一二五年，金兵兩路南下攻宋，包圍了開封，宋徽宗把帝位讓給兒子欽宗，自己逃往鎮江，抗戰派李綱主持開封事務，得到軍民的支持，士氣一時十分旺盛，金兵敗退。

西元一一二六年，金兵再次南下，開封被攻破。西元一一二七年四月，金兵北撤，擄走徽、欽二帝，史稱「靖康之難」（因宋欽宗年號「靖康」），北宋至此滅亡。

74 「老皇曆」典故出於何處？

「老皇曆」這個詞語始於宋朝，原本是褒義詞。宋太祖趙匡胤把帝位傳給弟弟趙匡義，是為宋太宗。宋太宗在位期間，注意農田水利，鼓勵開荒，每年到了年終，便要宴請群臣，記功行賞，並送給每人一本曆書。這本曆書記載著農曆時令及耕作上的有關知識，其中有一欄叫做《回時作物觀覽》，是希望大臣們在政治事務中不要誤了農時，由於曆書是皇上贈送的，所以稱它為《皇曆》。

《皇曆》中所記載的，主要是當年的曆法，過了這一年就要更換新曆法，但由於曆法都是皇上贈的，對舊曆法顯然也要認真保存，並給舊曆法冠以一個「老」字，所以稱之為「老皇曆」。

「老皇曆」對於新的一年來說，是不適應的，也正因為這個意思，「老皇曆」也就逐漸演變成了一個貶義詞，用來指守舊的思想行為了。

75歷史上的楊家將是怎麼回事？

楊老令公「滿門忠烈」，為了抗擊遼朝的入侵，祖孫數代，捐軀疆場。通過戲曲、小說等大量文藝作品的宣傳，楊家將的故事幾乎婦孺皆知，楊繼業、佘太君、楊六郎、穆桂英等都是群眾喜聞樂見的藝術形象。

楊繼業（即楊老令公）實有其人，世為麟州（今陝西神木縣）土豪，善於騎射，年輕時在北漢做官，屢立戰功，號稱「無敵」。北漢被宋太宗消滅後，楊繼業投降宋朝，被封為右領軍衛大將軍、鄭州防禦史，遷到代州，與契丹為鄰，威震邊境，曾北征雲、應、寰、胡四州。不久，護送四州軍民內遷，遇契丹大軍，失援重傷被擒，不食遼粟而死。佘太君、楊六郎（延貽）、穆桂英、楊文廣等人，也可以從史料中

穆桂英

或多或少地看到他們的事蹟。

楊繼業死後，宋真宗初年，遼不斷遣兵南下，深入宋境，給北方人民帶來巨大的災難，其間楊延昭等人在局部地區奮起抵抗，使遼朝無法長驅直入。總之，「楊家將」的故事雖不像文藝作品中渲染的那麼豐富多彩，但楊家將在抗擊遼國侵擾過程中做出的努力，是值得我們記住的。

76 岳飛抗金是怎麼回事？

岳飛是個婦孺皆知的人物，他帶領的軍隊被稱為「岳家軍」，最多時達十萬以上。面對金軍的南侵，岳飛堅決抵抗，是南宋對金作戰的主力和中堅。

岳家軍以訓練嚴格、賞罰公正、號令嚴明而聞名。西元一一四〇年的穎昌府大戰中，岳家軍與金軍血戰幾十個回合，戰士都成了血人，戰馬成了血馬，但岳家軍抱著死守勿去的決心，頑強固守，終於扭轉了戰局，殺死了金朝統帥金兀朮的女婿，捉拿上將夏金吾，使金兀朮連連驚嘆「撼山易，撼岳家軍難」。岳飛曾預言，如果中原

岳　飛

各路大軍妥善部署，互相配合，他的這支岳家軍就可以勇往直前，完成恢復中原大業的使命。

但正當岳家軍士氣高昂，收復失地的時候，宋高宗和秦檜卻急於求和，害怕岳飛繼續進攻，下令將各方部隊陸續撥回，逼迫岳飛班師。秦檜又以「莫須有」的罪名將岳飛殺害，當時岳飛年僅三十九歲。

岳飛死後，南宋勉強依靠屈辱的和議苟存於東南一隅，到西元一二七六年，為元朝所滅。

77 成吉思汗是怎樣統一蒙古的？

元太祖成吉思汗

成吉思汗於西元一一六二年出生於泰亦赤兀惕部的一個名為孛爾只斤的小民族中，父親也速該是該民族首領，給他取名鐵木真。在他十三歲時，父親被人毒死，部眾叛離，這樣他便開始了艱苦的生活歷程。

鐵木真天資聰穎，自小深受其母影響，為人機智果敢，意志堅韌。

當時蒙古各部落混戰的形勢，加上南鄰強大的金國，使得鐵木真決心統一蒙古草原。金世宗後，金國國力漸衰，逐步強大起來的近鄰塔塔爾部落對金構成了威脅。鐵木真巧妙地利用了金國欲滅北方壓力的心理，協助他們攻擊塔塔爾，不久塔塔爾被擊潰，從此水草豐盛的呼倫貝爾牧場就落入了鐵木真的手中。此後，西元一二〇三年，鐵木真率軍滅掉克烈，次年又滅掉乃蠻，並於西元一二〇六年召開蒙古部落酋長會議。會上，鐵木真被推舉為最高首領，號稱「成吉思汗」，意為「天下共主」。至此，蒙古統一大業最終完成。

78 文天祥是怎樣進行抗元鬥爭的？對其如何評價？

文天祥是南宋堅持抗元鬥爭的代表人物，西元一二五九年，蒙古率大軍攻鄂州（今武昌），宦官董宋臣主張遷都逃跑，文天祥上書皇帝要求殺掉董宋臣，以安民心，表現了抵抗蒙古的決心。西元一二七五年，他在贛州組織三萬義軍，進入臨安，但南宋王朝無心抵抗，執意投降，在臨安旦夕可下的危急關頭，右丞相陳宜中逃跑。文天祥被冠以右丞相的頭銜出使元營談判，他不顧蒙古貴族的威脅利誘，剛正不屈，

文天祥

被元扣留。

後來，文天祥在一個船工的幫助下逃回，到福州重組抗元武裝，在江西打了幾次勝仗，收復了一些失地，但不久為元軍所敗，被迫退入廣東一帶，繼續作戰。西元一二七八年，文天祥被俘，他拒絕向元投降，並寫下了「人生自古誰無死，留取丹心照汗青」的千古名句，表達了崇高的民族氣節，最後英勇就義。

文天祥堅決抵抗蒙古的南侵，反對民族壓迫，這與廣大群眾的願望是一致的，因而是正義的鬥爭，特別是他那堅強不屈的精神，更反映了中華民族的可貴品格。當然，文天祥的抵抗鬥爭是站在南宋統治階級的立場上進行的，有明顯的局限性。抗元鬥爭雖以失敗告終，但文天祥的英勇不屈的精神是中國歷史上最輝煌的篇章之一。

79 元朝是怎樣建立起來的？元的大統一有什麼歷史意義？

蒙古貴族除了發動三次大規模西征之外，同時派大軍向南方進發。當時，南宋與金正處於對峙局面，邊疆地區還有西夏、西遼、畏兀爾、吐蕃、大理等政權，在成吉思汗病死之前，蒙古軍隊已征服了畏兀爾、西遼和西夏。

西元一二三四年，蒙古與南宋聯合滅掉了金。此後，蒙古貴族即發動了滅亡南宋的戰爭，在對南宋戰爭的過程中，忽必烈率軍消滅了大理，降服了吐蕃，對南宋形成大包圍的形勢。西元一二七一年，忽必烈遷都燕京，建國號為「元」。西元一二七三年，襄陽、樊城為元軍所佔。隨後元軍分水陸兩路東下，南宋大小官僚紛紛投降。西元一二七九年，南宋滅亡，元朝統一了全國。

元朝的統一具有深遠的歷史意義：首先，元的大統一促進了我國民族的大融合，促進了邊疆各族和中原地區經濟文化的聯繫與發展，我國的回族就是在這個時期形成的；其次，元的大統一結束了長期以來國內分裂割據的幾個政權並存的局面，為我國以後的長期統一奠定了基礎；再次，元帝國疆域遼闊，大統一的局面不僅有利於國內經濟文化的交流，而且加強了中外文化的交流和中西交通的發展。

80 明朝是如何建立的？

西元一三五二年，佃農出身的朱元璋參加了郭子興領導的紅巾軍，郭子興死後，朱元璋統率這支隊伍，接受小明王韓林兒的封號。西元一三五六年，朱元璋攻佔集慶，改名應天府（今江蘇南京），在那裡建立了政權。他利用當

朱元璋

鄭和航海（油畫）

時元朝大部分官軍和地主武裝被劉福通領導的紅巾軍打得暈頭轉向的有利形勢，發展自己的勢力，並採納地主階級知識份子的「高築牆、廣積糧、緩稱王」的建議，積極發展農業生產，加緊擴充軍隊。經過十多年的戰鬥，先後消滅了陳友諒、張士誠的軍隊，控制了長江中下游地區。西元一三六七年，朱元璋發布討元文告，派兵北取中原。

次年，朱元璋在應天稱皇帝，建立明朝。同年，明朝軍隊攻佔大都，元順帝北逃，元朝亡。

81 鄭和下西洋的簡單經歷怎樣？有什麼歷史意義？

為了進一步加強中國同海外各國的聯繫，明成祖派太監鄭和先後七次出使西洋（當時汶萊以西的南洋群島和印度洋沿岸一帶叫西洋）。在西元一四〇五年至一四三三年的近三十年裡，鄭和及其率領的船隊到過中南半島、南洋群島、孟加拉、印度、伊朗和阿拉伯等許多地區，最遠到達非洲東海岸和紅海沿岸。每到一處，鄭和向當地國王表明來意，贈送禮物並進行貿易，有的國家派遣使節隨船來中國，受到明朝政府的歡迎。

鄭和的遠航表現了中國人英勇無畏的精神和高超的航海技術，是世界航海史上的壯舉。比達·伽馬繞過好望角航行印度和哥倫布航行美洲早了半個多世紀。鄭和的遠航，擴大了我國同亞非許多國家的經濟文化交流，增強了中國和這些國家人民的友誼。

82 「土木堡之變」是怎麼一回事？

明朝正統年間，宦官王振擅權，朝政日非，邊防空虛。這時，蒙古瓦剌部強大了起來，瓦剌首領也先夢想恢復「大元一統天下」，便極力向中原擴張。西元一四四八年，也先派二千五百人到京賣馬，王振按人對他們賞賜，卻擅自降低馬價。他以此為藉口分兵四路來犯，也先親自率大軍攻打明軍，王振挾英宗帶領五十萬大軍迎戰。明軍剛到大同，王振聽說其他各路軍接連失敗，便慌忙退兵。在回軍路上，王振邀英宗皇帝到自己的老家蔚州巡遊，以炫耀權勢。但王振在半路上又想到大軍會踏壞他家鄉的莊稼，便又下令原路撤回，耽誤了許多時間。明軍駐在木土堡時，被瓦剌軍隊團團圍住，明軍被圍困兩天，人馬無水喝，十分艱難。也先假裝言和，明軍移營就水，在混亂之際，也先揮軍衝殺，明軍大敗，王振被亂軍殺死，英宗被俘，這就是歷史上的「土木之堡變」。「土木堡之變」後，明朝北部邊防更加危急。這次事件也是明王朝由盛轉衰的標誌。

83 什麼是「廠衛」？

「衛」指錦衣衛，是明洪武年間設置的。錦衣衛是皇上侍衛之一，既侍衛皇帝，又負責偵緝臣僚，有特務職能。

「廠」指東廠、西廠、內行廠等。永樂年間最早設立東廠，西廠最初設於成化年間，後革去，正德年間復設，並又增設了內行廠。廠是以司禮監宦官為首領的內廷特務組織，其隸役大部分選自錦衣衛，負責偵緝天下臣民。廠與衛聯合在一起，通稱「廠衛」，是明代特務機構的總稱。廠和衛都自設監獄，它們互相勾結，嚴密監視和殘殺天下臣民，實行恐怖統治。「廠衛」是宦官專權的工具，是地主階級鎮壓人民的暴力機構。「廠衛」的設置，是明代君主專制強化的重要特點，它標誌著專制主義中央集權制達到了登峰造極的地步。

84 明朝中期，戚繼光驅逐倭寇是怎麼回事？

從元朝末年起，日本九州一帶的封建諸侯糾集武士、商人和海盜，結幫結夥，經常騷擾中國沿海地區，名為經商，遇到機會就殺人放火，搶劫財物，沿海居民稱他們為「倭寇」。

明朝中期，海防鬆弛，倭寇猖獗，浙江、福建一帶的大地主、大商人勾結倭寇，共同搶劫分贓，東南沿海人民的生命、財產安全受到很大威脅。明政府委派二十多歲的戚繼光到浙江防倭，他到義烏募兵，選拔農民和農民出身的礦工三千人，按小隊編制起來，進行嚴格訓練，制定嚴格的軍紀。戚繼光訓練的軍隊作戰勇敢，紀律嚴明，被人們稱為「戚家軍」。西元一五六一年，戚家軍在人民的支持下，在浙江台州（今浙江臨海）一帶連打了九次勝仗，全殲那裡的倭寇，史稱「台州九捷」。在蕩平浙江餘寇後，進入福建、廣東，與俞大猷的軍隊互相配合，不斷打擊那裡的倭寇。西元一五六五年，東南沿海倭寇基本肅清，民族英雄戚繼光和他的戚家軍在驅逐倭寇的戰爭中做出了巨大貢獻。

戚繼光

85 歷史上的海瑞是怎樣的一個人？

中國歷史上的清官，最著名的除了包拯以外，就數海瑞了。那麼，海瑞究竟是一個什麼樣的人呢？

海瑞，字汝賢，號剛峰，廣東瓊山縣人，嘉靖時中舉，歷任知縣、戶部主事、應天巡撫，因受排擠曾革職閒居十六年，萬曆時被重新起用，先後任南京吏部左侍郎和右僉都御史。

海瑞生活在社會矛盾十分尖銳的嘉靖、萬曆年間，他目睹土地兼併之害和人民的痛苦，為官清正，執法公平，在任時興修水利，救濟饑民，深得人民擁戴。

海瑞在力所能及的範圍內改革弊政，發展生產，為民眾做了不少好事，雖然他的主觀目的是為了維護封建制度，其作用也是局部的和有限的，但是在當時的歷史條件下，對人民畢竟有些好處，因而受到歷代人民的尊敬。

海　瑞

86 張居正爲什麼要推行「一條鞭法」？其作用如何？

張居正推行「一條鞭法」是張居正改革的重心，其目的是為了整頓賦役，扭轉財政危機，以穩定封建統治。萬曆以前，明代賦稅以田畝為對象，沿用兩稅法徵收，徭役以人丁為對象，按戶出丁，輪流應役。隨著明中期土地兼併的發展，戶丁逃亡越來越多，使得政府賦役落空，富戶勾結官府，將負擔轉嫁到未逃亡的貧苦農民身上，加重了貧苦農民的負擔，迫使農民甘願丟棄田產，逃亡山林。自嘉靖以來，稅田面積日益減少，政府稅源枯竭，人丁短缺，戶丁流亡嚴重，階級矛盾日益激化。張居正在萬曆初年任內閣首輔期間，為了改變這一狀況，便下令重新清丈土地，在此基礎上於西元一五八一年推行「一條鞭法」。

張居正推行「一條鞭法」具有重大歷史意義：「一條鞭法」是中國賦役制度史上的一次重大改革，它將賦役合徵，出現了「攤丁入畝」的趨勢，簡化了徵收手續，減少了地方官吏從中舞弊的機會，在一定程度上改變了賦役不均的弊病，減輕了人民的負擔。而攤丁入畝則使得廣大農民對封建國家的人身依附關係有所削弱。賦役一律折銀交納，刺激了商品經濟發

張居正

展。最後，張居正在清丈土地、推行「一條鞭法」的過程中，清查出了被豪強地主隱瞞的相當一部分土地，使賦役負擔較為平均，增加了政府財政收入。

但是，「一條鞭法」畢竟是一種封建剝削制度，其根本目的是為了維護封建統治，不可能真正遏止土地兼併的發展，也不能真正減輕農民的負擔。再加上胥吏從中作梗，官僚地主蓄意破壞，「一條鞭法」也就被破壞得面目全非了。

87 什麼是資本主義萌芽？中國什麼時候出現了資本主義？主要表現如何？

資本主義萌芽是資本主義生產關係發展的初步形態，具體地說就是在這種形態下，一部分人手中掌握了相當數量的貨幣資本，可以用來購買生產資料和勞動力，組織生產；另一方面，社會上出現了失去生產資料並可以自由出賣勞動力的勞動者，勞動力成為一種特殊商品，可以自由買賣。工場主或作坊主與雇傭工人的關係已不是人身依附關係，而是買賣關係，他們在人身上是平等的，工場主或作坊主剝奪工人的剩餘勞動，勞動產品不是為了供自己消費，而是為了出賣。

一般認為，中國資本主義萌芽最早出現於明代中期以後，也就是十六世紀後期十七世紀前期的明朝嘉靖、萬曆年間。從地區上來說，首先出現在江南地區和東南沿海一帶，主要表現為商品經濟有了廣泛的發展，手工業工場的出現以及包買商的出現等。

88 什麼是「東林黨」？東林黨人有什麼政治主張？

東林黨是明末以江南士大夫為主的政治集團。萬曆後期，政治日益腐敗，社會矛盾越來越激化，一些在政治上受到排擠的士大夫為緩和階級矛盾，主張改良政治，便聯合起來與腐朽的大地主集團做鬥爭。西元一六〇五年，革職還鄉的顧憲成和好友高攀龍等人在無錫東林書院講學，他們「諷議朝政，裁是人物」，抨擊腐敗的當權者，得到一部分士大夫的支持，東林黨人便以此得名。

東林黨人的政治主張有兩點：一是反對徵商，即反對礦監、稅使對工商業者的掠奪。被稱為東林黨首領的李三才，多次上書反對礦監、稅使，要求萬曆皇帝將他們撤回；二是反對宦官專權。明末宦官集團是一支最黑暗、最腐朽的勢力，一些無恥官僚趨炎附勢，組成圈黨集團，無惡不作，東林黨人楊漣彈劾魏忠賢，被捕下獄，受酷刑而死。魏忠賢還派爪牙到蘇州逮捕東林黨人周順昌，激起了蘇州民變，這說明東林黨人反宦鬥爭得到了廣大群眾的支持和同情。

89 澳門是怎樣被葡萄牙殖民者侵佔的？

十六世紀初，當新航路發現後，歐洲殖民者便相繼來到東方，最先來到東方的是葡萄牙，接著是西班牙和荷蘭。於是，這些殖民者就開始了對中國的侵略和掠奪。

西元一五一一年，葡萄牙殖民者侵佔滿剌加（馬來亞），隨即來到中國沿海騷擾。西元一五一七年，炮轟廣州，受到中國軍民回擊。西元一五二一年，明朝軍隊在廣州附近的屯門島驅逐了葡萄牙殖民者，葡萄牙殖民者又跑到福建、浙江沿海騷擾，也被中國軍民擊敗。

西元一五三五年，葡萄牙人賄賂通都指揮黃莊，以歲納保金二萬兩為條件請移泊於澳門海面。公元一五五三年，葡人又進一步賄賂通海道副使，稱船隻遭遇風浪，貨物被浸濕，請允許在澳門晾曬貨物，於是葡人便在澳門築屋居住，並擴大住宅區，建築城牆、炮臺，自設官吏，使澳門成為西方殖民者入侵中國的據點。起初，澳門的行政、司法和稅收等權力還歸屬廣州當局，後來這些主權也被剝奪。這樣，澳門就逐漸地淪為了葡萄牙的殖民地。

90 明末農民起義的原因是什麼？有什麼意義？

明朝後期，專制主義的封建統治已非常腐朽，皇帝不問政事，宦官專政，廠衛特務魚肉人民，人民處於水深火熱之中，土地高度集中，農民大量淪為佃戶，受到地主的殘酷壓迫，加上明朝末年陝北地區連年災荒，官府又催逼租稅，迫使農民紛紛起義。

西元一六二八年，陝北爆發農民起義，很快湧現出高迎祥、李自成、張獻忠等幾十支農民起

闖王李自成

義軍。一六三六年，闖王高迎祥犧牲，李自成被擁為闖王，轉戰陝、甘、川、鄂，豫等省。

一六四〇年李自成攻入河南，提出「均田免糧」的口號，受到廣大人民的歡迎，起義軍發展到幾十萬人。一六四一年，起義軍佔領洛陽，殺死福王朱常洵。一六四三年，李自成在襄陽稱「新順王」，建立政權。次年改西安為西京，定國號為「大順」，並於同年三月攻入北京，推翻明朝。但最後在滿漢地主聯合進攻下，李自成於一六四五年在湖北九宮山犧牲，餘部繼續作戰二十餘年。明末農民戰爭堅持了十幾年，轉戰黃河上下，長江南北，是中國歷史上規模空前的一次農民戰爭。這次農民戰爭，繼承並發展了宋朝農民起義中提出的「等貴賤、均貧富」的思想，第一次提出了「均田免糧」的口號，豐富了農民反封建鬥爭的內容，表明中國農民的革命鬥爭進入了以反封建土地所有制為主要鬥爭目標的新階段，推翻了明王朝，沉重打擊了地主階級，使封建生產關係在一定範圍內得到調整，推動了歷史的發展。

91「八股取士」是怎麼一回事？

八股文起於明朝，盛於明清，衰於清末。八股文是明清兩代科舉考試制度中的一種特殊文體，亦稱「時文」、「制義」或「制藝」。八股文雖然起於明，但也可以說是封建科舉制度發展至明的必然結果，它是封建政治、文化特徵的一個集中反映。

八股文從形式上看可分為八個部分，即破題、承題、起講、入手、起股、中股、後股、束股。從形式上說有許多部分是可以省略的，但作為一種科舉考試的特殊文體，又是不可改動的，所以說是一種僵化的格式。它的基本內容必須以《四書》、《五經》為據，把紛繁複雜的社會現象及不斷發展的思想文化觀念束縛於貧乏的內容之中，窒息了人們的思想，而明清文職官員入仕必考八股文，八股文考試通不過，其餘再好也沒用，所以人稱「八股取士」。

八股取士是封建統治者針對封建臣民撒下的一張網羅人才的大網，封建知識份子也只有通過這種途徑來實現他們各自不同的志願。中國的封建社會發展到明清時期，已是窮途末路，然而它卻又延續了幾百年，除了其他諸多原因之外，靠八股取士來穩固其政治、經濟、文化的封建統治也是重要的原因之一。

92 朱元璋是如何殺害徐達的？

明朝開國皇帝朱元璋稱帝後，最大的心病就是怕大權旁落，危及朱家王朝，於是他費盡心機，製造了多次大血案，謀殺功名顯赫的文臣武將，跟他南征北戰的元勛宿將，除湯和和幾個隱退告老還鄉的外，無一例外遭受屠戮。魏國公徐達雖未受戮，並不是朱元璋不想殺他，而是不好公開下手罷了。因為徐達功勞最大，朱元璋曾賜徐達免三死，其子免二死的鐵券，並且世世代代有功，如果公開殺了他，會有損朱元璋的尊嚴。

朱元璋雖未殺徐達，可他對徐達卻更加不放心，猜疑心更重，總是想尋找一個機會將徐達除掉。

徐　達

一三八四年，徐達背上生了一個毒瘡——瘩背，朱元璋聽到這個消息後喜出望外，忙召太醫商議計策，太醫說長瘩背最忌吃鵝肉，特別是當傷口癒合時，一吃鵝肉，瘩背立即復發，瘡口潰爛，使患者致死。朱元璋聽了連連點頭。他給徐達寫信讓其回京都治療，同時命侍衛去挑選一隻大鵝，好好餵養待用。

徐達回到南京後，朱元璋設宴為他接風，並對徐達以兄弟相稱，徐達喝醉了酒，朱元璋把徐達安排在自己的床上睡覺，徐達酒醒後，發現自己睡在皇帝的床上，嚇得全身是汗，忙跪在地上請罪，朱元璋馬上扶起他說：「爾與朕親如兄弟，何罪之有?我已挑選了一名最好的太醫，每天去給你治療瘩背。」

徐達的病在太醫的精心治療下，不到一個月，瘡口已開始癒合，這時朱元璋親自到徐達那裡看望，並對徐達說：「為使朕弟早日康復，幫朕治理國家，特賜熟鵝一隻，以作滋補。」

徐達聽後，感激萬分，忙叩頭謝恩，並當著朱元璋的面將熟鵝吃了一半。

第二天，徐達的瘩背就發作了，已癒合的瘡口又開始紅腫、潰爛。太醫對徐達說：「此瘡已無法治療了。」此時徐達方知朱元璋賜熟鵝的用意。次年，徐達終於因瘩背無法治療而含恨去世了。

93 鄭成功是如何收復臺灣的？

臺灣自古以來就是中國的領土，一六二四年，荷蘭殖民者侵入臺灣，把臺灣作為其域外領地。

西元一六六一年，鄭成功召集諸將討論收復臺灣，在此之前，由於島上人民不堪忍受荷蘭殖民者不准島上人民與大陸交通聯繫的禁令，紛紛渡海，並帶來了詳實的台灣軍事形勢圖，促使鄭成功下定收復臺灣的決心。四月二十一日，鄭成功移師金門，部署軍隊，四月二十八日由澎湖啟航，「順風駕駛」，於臺灣禾寮港登陸，圍攻荷蘭總督所在地赤嵌城，在海上擊潰了荷蘭援兵。廣大群眾大力支持鄭成功，使得臺灣全島很快收復，殖民主義者在赤嵌城受困八個多月後宣布投降。一六六二年二月一日，雙方簽訂八條協定，佔領臺灣達三十八年之久的荷蘭人離開臺灣，臺灣從此回到了祖國的懷抱。

西元一六八三年，清軍攻入臺灣，次年設臺灣府，隸屬福建省。

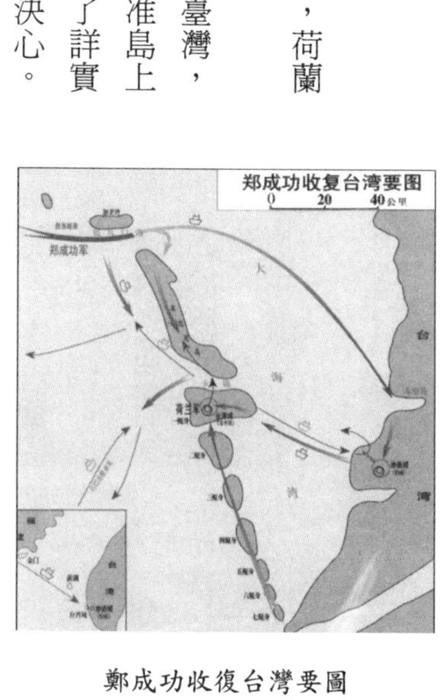

鄭成功收復台灣要圖

94 清朝是如何冊封「達賴喇嘛」和「班禪額爾德尼」的？

喇嘛教，又稱藏傳佛教，是中國佛教的一支，主要是在藏族地區形成和發展起來的，「達賴」和「班禪」是喇嘛教格魯派的首領。

明朝後期，班禪四世看到明朝統治處於風雨飄搖之中，就派使者去盛京（今遼寧瀋陽）朝見清太宗皇太極。清軍入關後，順治皇帝將達賴五世請到北京，正式冊封他為「達賴喇嘛」。此後，歷世達賴喇嘛轉世，都必須得到中央政府的冊封，成為定制。

達賴五世受封後，聲譽鵲起，而西藏僧侶集團和蒙古和碩特貴族的矛盾也隨之尖銳起來。達賴五世死後，他的親信巴桑結嘉措暗中聯合蒙古噶爾丹貴族，準備驅逐和碩特在西藏的統治，這時清朝康熙皇帝為了穩定西藏的局勢，便正式冊封另一位首領班禪五世為「班禪額爾德尼」（額爾德尼，滿語，意為珍寶）。此後歷世班禪轉世也必須經過中央冊封的做法成為定制。而清朝定時對達賴和班禪的冊封，也鞏固了其在西藏的統治。

95 「三藩之亂」是怎麼回事？如何平定？

清朝入關後，封明朝三位降將吳三桂、尚可喜（後為其子尚之信）、耿繼茂（後為其子耿精忠）為王，但是他們並不甘寄清人籬下，在康熙十二年（一六七四年）十二月前後，相繼出現了一場以復明為旗號的「三藩之亂」。

吳三桂在雲、貴期間，巧妙地掌握了軍權和財政大權，同時，在水陸要衝遍置心腹，勢力越來越大，給清朝統治的穩固帶來了極大威脅。一六七三年三月，尚可喜因年老體弱上疏康熙，請求回故里養老，留其子鎮守廣東。這時，早有心撤藩的康熙以為機會可假，於是決定「盡撤藩兵回籍」。方針既定，大兵壓境，「三藩」之首的吳三桂見狀，於康熙十三年（一六七四年）一月率先發動變亂，殺死雲南巡撫朱國治等清朝官吏，自稱周王，並揮師湖南，清兵措手不及，節節敗退。隨即，靖南王耿精忠、平南王尚之信等部紛紛起來呼應。

吳三桂

面對危局，康熙指出：禍首是吳三桂，三桂滅、諸藩散。戰鬥進行了兩年多，戰場形勢逐漸發生逆轉，西成叛軍王輔臣投降，東成耿精忠作戰不力，勢窮乞降，不久廣東、廣西的尚之信也放下武器。在軍事征戰出現轉機之時，康熙帝還曾開展了一系列政治攻勢，遏制了吳三桂的勢力。而吳三桂為鼓舞士氣，於康熙十七年（一六七九年）在衡州（今湖南衡陽）稱帝，國號大周。同年秋天，吳三桂病死，但三藩之亂並未結束，吳三桂的孫子吳世璠繼承帝位，清軍為此又戰鬥了數年，直到康熙二十年（一六八一年），這場歷時八年、蔓延十省的「三藩之亂」才終於被平定下來。

96 爲什麼說康熙皇帝是封建社會末期最傑出的帝王？

康熙名玄燁，生於順治十一年（一六五四年），於一六六一年即位，時年八歲，由鰲拜等四大臣輔政。但鰲拜逐漸排擠了其餘三人，在朝廷中形成一個帶有濃厚的奴隸主殘害奴隸色彩的保守集團。康熙在其十四歲時，巧妙地利用自己平日訓練的一批少年摔跤手將鰲拜制服，並鎮壓其死黨，從此康熙執掌朝政。

此時，經過幾十年戰亂，整個社會生產凋敝、

康　熙

土地荒蕪、經濟蕭條。因此，康熙實行了一系列恢復生產、安定社會秩序的措施，經過十餘年的努力，初見成效。

康熙即位之初，國內還未統一，當時有兩大支割據勢力與清政權對峙，一是以吳三桂為首的「三藩」勢力，一是盤踞西北的準噶爾上層勢力。同時，作為抗清殘留勢力的鄭氏集團仍佔據臺灣。為此，康熙帝首先平定三藩叛亂，之後揮戈海隅，向割據臺灣的鄭氏集團發起進攻。兩年之後，收服臺灣。此後康熙馬不停蹄，同割據西北的準噶爾部落首領噶爾丹進行了長期艱苦的鬥爭，並最終平定了噶爾丹的叛亂。

與此同時，康熙帝還抗擊了沙俄的武裝入侵，也抵制了西方傳教士的侵略活動，在統一國家及反侵略的鬥爭中樹立了豐功偉績。在康熙帝生活的那個時代，他的確是一位堪稱「無與倫比」的傑出帝王。

97 清代的文字獄是怎麼回事？

文字獄即「因文字而賈禍」，它是封建專制主義的寄生物，專制帝王的「好幫手」。在中國兩千多年的封建社會中，文字獄層出不窮，從秦始皇「焚書坑儒」始，漢、唐、宋、明各代都有重大的文字獄發生。清代前期，民族矛盾十分尖銳，入主中原的清朝統治者十分懼怕人民群眾尤其是漢族人民和知識份子的反抗，格外注重強化封建專制統治，因而清代文字獄也就遠比歷代為甚，魯迅稱之為「膾炙人口的虐政」。據不完全統計，號稱盛世的康、雍、乾三朝，在一百三十多年內，就製造了一〇八起文字獄，其中僅乾隆四十三至四十七年（西元一七七八年至一七八二年）五年之間，就有將近四十起，這還未包括大量已被銷毀或散佚的有關史料。清代文字獄的數量和頻率，都是相當驚人的。

清代文字獄涉及面廣，株連者眾。案犯身分涉及社會各個階層，且株連面廣，與某人某書有過任何直接或間接關係的都要受到株連，往往一個案子牽連七、八省，株連數百人，有的從判案到最後結案拖延達數十年，對受株連者，還故意「濡緩折磨，使之備嘗痛楚」，進一步製造陰森恐怖的社會氣氛。實行文字獄的結果是鉗制了輿論，束縛了心智，窒息了社會進步觀念的產生和傳播，阻礙了學術思想和文化的繁榮興旺，社會現實問題成為無人問津的禁區，中國人學習、借鑒世界先進文化的歷程也受到嚴重阻礙。清代文字獄是清代中國逐漸落後於世界的重要原因之一。

98 清朝的軍機處是怎樣的機構？

軍機處初稱軍機房，雍正七年（西元一七二九年）設立，一七三二年十月改稱軍機處，軍機大臣至少由三四品以上的大臣充任。軍機大臣服侍皇帝左右，直接聽命於皇帝，他們幫助皇帝處理重大政務，權大位重，遂成為欲謀權位者奔走鑽營的職位。

軍機處是封建專制主義中央集權高度發展的產物，其特點是處理政務迅速而機密，但本身沒有獨立性，皇帝召見軍機大臣時，不許太監在側，即使是王公大臣，非奉特旨，不准進入。

雖然他們的地位是非同尋常的，但軍機大臣必須絕對地聽命於皇帝，沒有絲毫的獨立行動和決策的權力。乾隆時，雖出現過像和珅那樣恣意弄權的軍機大臣，但軍機處既無官署，亦無專官，也無屬吏，不是一個獨立的、正式的衙門，易於被皇帝制約，所以一直被清王朝沿用。

99 嘉慶皇帝是怎樣除去和珅的？

嘉慶皇帝在即位後的三年中，一切政事均由太上皇（乾隆）主持裁決，和珅每天陪侍在太上皇左右，他見太上皇年老昏聵，暗弄威福一天比一天厲害。嘉慶皇帝表面上對他十分親厚，稱呼他為相公而不稱呼名字，遇事奏請太上皇時，都令和珅代奏。有人說這樣做不對，嘉慶皇帝說：「朕倚仗相公治理國家，怎

和珅

麼能對他不敬重呢？」和珅又借助他的老師吳省蘭來窺視嘉慶的心態。嘉慶知道和珅的用意，吟詠中不露一絲鋒芒，和珅見嘉慶沒有傷害自己的意思，心中感到安然無虞。另外，對於大臣們的奏摺中有涉及和珅的，嘉慶在交軍機處及各部會議時，都把這些內容以及上奏摺的大臣的姓名裁去，以免刺痛了太上皇與和珅。太上皇去世的次日，御史廣興、廣泰，給事中王念孫，交章參奏和珅，嘉慶立即命儀郡王永璇、成親王永理傳旨逮捕和珅，並令勇士阿蘭保前去監督執行，不久，和珅被處死。

和珅獲罪後，抄沒贓物折合白銀八億兩有餘，以二十年之宰相，積蓄的財物相當於全國二十年收入總額的一半還多，這個歷史上著名的「貪污之王」，終於得到了應有的下場。

100 「虎門銷煙」是怎麼一回事？

十九世紀中葉以後，以英國為首的資本主義侵略者對華鴉片走私泛濫全國，造成深重的民族災難。為此，林則徐在一八三七～一八三八年任湖廣總督期間，設立禁煙局，嚴查煙具和鴉片，大張旗鼓地禁煙，收到了很好的成效。一八三八年，鴻臚寺卿黃爵滋上疏提出「重治吸食」的主張，林則徐上疏支持，道光帝決心戒煙，派林則徐為欽差大臣，節制廣東水師，南下廣東禁煙。

一八三九年三月十日，林則徐到達廣州，會同兩廣總督鄧廷楨、水師提督關天培，嚴令禁止

林則徐

鴉片走私，暗訪密查，捉拿煙販。三月十八日，他命令外商將鴉片全部呈繳，並做出保證：「嗣後來船永不夾帶鴉片，如有帶來，一經查出，貨盡沒官，人即正法，情甘服罪。」同時表明自己對禁煙的堅決態度：「若鴉片一日未絕，本大臣一日不回，誓與此事相始終，斷無終止之理。」林則徐堅定的態度和有力的措施，迫使鴉片商販交出一萬九千一百二十七箱又一千一百一十九袋，重達二百三十七萬陸仟二百五十四斤的鴉片。一八三九年六月三日至六月二十五日，在虎門海灘，他當眾親自主持了震驚中外的「虎門銷煙」，將這些鴉片用鹽鹵和石灰浸化的辦法加以銷毀，打擊了英國侵略者和英美鴉片商販的囂張氣焰，向殖民主義者表明了中國人民抵抗外來侵略的堅強決心。

101 什麼是「永安建制」？太平天國如何定都天京？

西元一八五一年一月十一日，洪秀全在金田村宣布起義，建號太平天國，遂向北進軍。同年三月二十三日，洪秀全在武宣東鄉稱天王。至九月，太平軍攻佔永安，洪秀全按當初拜上帝會聚眾時排的順序（「拜上帝會」共擁上帝為天父，耶穌為天兄，洪秀全為二兄，馮雲山排行第三，以下是楊秀清、蕭朝貴、韋昌輝、石達開），封楊秀清為東王、蕭朝貴為西王、馮雲山為南王、韋昌輝為北王、石達開為翼王，規定西王以下俱受東王節制，這就是所謂的「永安建制」。

太平軍在永安休整半年後，一八五二年四月突圍北上，圍桂林，佔全州，攻長沙，克岳州，在進軍途中，蕭朝貴和馮雲山不幸犧牲。

西元一八五三年一月，太平軍攻佔武漢。同年二月，太平軍水師東下，陸師夾岸並進，於三月二十九日攻佔南京，遂在南京定都，改稱天京。這樣，太平天國起義的旗幟從金田村傳到了南京城。

102 什麼是「辛酉政變」？「垂簾聽政」是怎麼回事？

一八六〇年八月，英法聯軍再次挑起事端，先後佔領大沽、天津，直逼北京，咸豐逃往熱河。此時清政府內部為爭奪最高統治權，形成了以怡親王載垣、鄭親王端華為首的重臣派，恭親王奕訢，那拉氏後宮集團三派力量。一八六一年八月二九二日，咸豐帝病死於承德，權欲心重的那拉氏集團精心策劃政變，於同年十一月二日以迅雷不及掩耳之勢將同時抵京的載垣等及正在途中的肅順一舉逮捕（這些人屬於第一派，是咸豐臨終前之顧命八大臣），六天後載垣、端華被逼自盡，肅順被處斬，其餘五人或被革職，或遭遣戍。那拉氏掌握了政權，由於這次政變發生在陽曆辛酉年，所以史稱「辛酉政變」，又稱「北京政變」。

同年十二月二日，兩位太后在養心殿東暖閣「垂簾聽政」，而兩太后中握有實權的是西太后（即慈禧），「事無巨細，皆由裁決」。從此，那拉氏先後以「垂簾聽政」、「訓政」名義開始了她長達四十七年操縱清政權的時期。

慈禧太后

103 鴉片戰爭的經過是怎麼樣的？

一八四〇年六月，英國政府以中國禁煙為藉口，向中國發動了鴉片戰爭。由於林則徐在廣東作了充分準備，侵略軍為了避免在廣東作戰，沿海北上，轉攻廈門，被鄧廷楨率領的愛國官兵擊退，侵略軍又轉攻浙江，侵佔定海，繼而進攻天津海口，威脅北京。昏庸無能的道光帝將林則徐撤職查辦，改派主降的琦善到廣州議和，琦善同英軍簽訂了《南京條約》，答應割讓香港和賠款給英國。道光帝認為這個和約有損清朝尊嚴，決定對英作戰，派奕山到廣州主持軍務。一八四一年二月，英軍再次進攻虎門，關天培率軍督戰，與幾百將士全部壯烈犧牲，奕山無心作戰，在廣州求和，與英軍簽訂了《廣州和約》。

一八四一年四月，英國認為《南京條約》未達到其侵略要求，決定擴大對中國的戰爭。八月，英軍攻陷廈門。九月，再次進攻定海。總兵葛雲飛率軍抵抗，以身殉國，定海、鎮海、寧波相繼失守。道光帝派奕經前往浙江指揮作戰，一八四二年三月，奕經下令再戰，又失慈溪。六月，英軍進攻長江的門戶吳淞，江南提督、老將陳玉成堅守吳淞炮臺，他率領愛國官兵孤軍血戰，力竭犧牲，英軍佔領了寶山和上海。七月，英軍沿江西犯，進攻鎮江，鎮江守軍與敵激戰，最後失敗。八月，英艦到達南京，清政府被迫同英國侵略者簽訂《中英南京條約》，鴉片戰爭結束。

104 第二次鴉片戰爭是怎樣爆發的？

第一次鴉片戰爭後，英、法、美等國不滿足既得利益，為進一步擴大市場，提出修改條約，要求中國全面開放通商，鴉片貿易合法化，外國公使進駐北京等，遭到清政府拒絕。一八五六年到一八六〇年，英法兩國聯合發動了第二次鴉片戰爭。第二次鴉片戰爭是以英國侵略者製造的

「亞羅號」事件為導火線的。一八五六年十月，廣州水師在中國船「亞羅號」上逮捕海盜和水兵。英國硬說「亞羅號」是英國船，要求釋放水兵，向英國道歉，並於十月二十三日派軍艦攻打珠江，炮轟廣州城。同年春天，法國天主教神父馬賴潛入廣西西林胡作非為，激起民憤，西林知縣在人民的壓力下，處死了馬賴等人。法國侵略者以此為藉口，與英國一起發動了第二次鴉片戰爭。美國也派公使和英國聯繫，表示支持英法兩國，以便從中趁火打劫，沙俄侵略者向中國提出中俄以黑龍江和烏蘇里江為界的無禮要求，遭到清政府拒絕後，便同英、法、美等國勾結，共同侵略中國，這便是第二次鴉片戰爭爆發的經過。

105 什麼叫洋務運動？經過哪兩個階段？有什麼作用？

為了防範外國侵略和鎮壓太平天國運動，維護清政府的統治，清政府內部的洋務派掀起了一場洋務運動。洋務派的代表人物有奕訢、曾國藩、李鴻章、左宗棠、張之洞等人，他們以「自強」、「求富」為名，採用西方資本主義國家的技術，從十九世紀六十年代到九十年代興辦近代軍事工業和民用工業，裝備了一些陸軍和海軍。

洋務運動分前後兩個階段，前一個階段以「自強」為主，興辦近代軍事工業，製造槍炮彈藥和輪船；後一階段除繼續進行「自強」活動外，還提出了「求富」的口號，興辦了一些與民用有關的工業，同時繼續興辦軍事工業。

洋務運動沒有使中國走上富強的道路，但是它引進了資本主義國家的一些先進生產技術，中國出現了一批技術人員和技術工人，企業的利潤吸引了官僚地主、商人投資於近代工業，在客觀上刺激了中國資本主義的發展，對外國經濟勢力的擴張也起了一些抵制作用。

106 什麼是「天京事變」？有什麼影響？

太平天國定都天京以後，洪秀全、楊秀清等人的進取心逐漸減退，大興土木，嚴格等級秩序，脫離群眾，領導集團內部矛盾重重，並不斷激化。一八五六年八月，楊秀清居功自傲，逼洪秀全封他為「萬歲」，洪秀全被迫應允，卻命令韋昌輝回來商量對策。韋昌輝對楊秀清也早已懷恨在心，於九月一日帶兵衝進東王府，殘殺楊秀清和他的全家，隨後又殺死楊秀清的部下二萬多人。十月，石達開從湖北趕回天京，責備韋昌輝殺人太多，韋昌輝又想殺死石達開，石達開只好半夜逃離天京，

洪秀全

韋昌輝殺了他的全家，又舉兵圍攻天王府，妄圖加害洪秀全。韋昌輝的濫殺，激起太平軍將士的極大憤慨。洪秀全領導天京軍民處死了韋昌輝，石達開回到天京，受到天京軍民的熱烈歡迎，洪秀全命他主持政務，但是，對他多有疑忌，封自己的兩個哥哥洪仁發和洪仁達為王來牽制石達開。一八八七年十月，石達開負氣從天京出走，單獨行動，這就是所謂的「天京事變」。它使得太平天國的骨幹力量受損，大大削弱了太平天國的力量，也是後來太平天國運動失敗的一個重要原因。

107 什麼是《天朝田畝制度》？主要規定是什麼？

《天朝田畝制度》是太平天國的革命綱領，是許多政策中的一項內容。

太平天國定都天京後，於一八五三年三月頒布了《天朝田畝制度》。《天朝田畝制度》規定了改革土地制度的辦法和其他一些社會改革措施，這個制度規定：田地按產量分為九等，不論男女，滿十六歲都可以得到一份，十五歲以下的減半，目的是想

《天朝田畝制度》封面

要建立「有田同耕，有飯同食，有衣同穿，有錢同使，無處不均勻，無人不飽暖」的理想社會。《天朝田畝制度》突出地反映了廣大農民迫切要求廢除封建土地所有制的強烈願望，但是這種絕對平均分配土地的願望是不可能實現的。

由於在天京及其附近一些地區，地主紛紛逃亡或被殺死，大批田契被燒毀，許多農民獲得了土地，更多的農民少交租或不交租，農民生活有了改善。這樣，太平天國在一定地區和一定程度上動搖了封建土地所有制，從這一點上看，《天朝田畝制度》的頒布具有重要的歷史意義。

108 中法戰爭是如何爆發的？有哪幾次主要戰役？什麼是「鎮南關大捷」？

十九世紀中期，法國強佔越南南部，緊接著侵略北部，企圖把越南作為侵略中國的基地。一八八三年十二日，法軍進攻越南山西地區的清軍駐地，中法戰爭正式爆發。中法戰爭在中國境內的重要戰役有：一八八四年八月的馬尾戰役、一八八四年十月的臺灣戰役、一八八五年三月的鎮海海口戰役以及同期的鎮南關戰役。一八八五年初，法國侵略者在得到增援後，曾一度佔領中越邊境的鎮南關（今友誼關），並在關前樹立木柱，用中國字寫著「廣西的門戶已不再存在了」，氣焰十分囂張。在這緊急關頭，清政府任命愛國老將馮子材為廣西關外軍務幫辦，馮子材率粵軍駐守鎮南關附近，多次擊敗法國進攻。三月中旬，法軍猛攻關前隘，形勢危急，馮子材大呼一聲衝向敵陣，士兵們跟著衝了上去，法軍潰退，越南人民一千多人也趕來參加戰鬥，中越軍民乘勝追擊，收復了瓊山等地，取得了歷史上有名的鎮南關大捷。它沉重打擊了法國侵略者，消息傳到法國，迫使法國內閣倒臺。

109 甲午中日戰爭是怎樣爆發的？

一八九四年春，朝鮮爆發了東學黨起義，朝鮮國王請求清政府出兵鎮壓，在清政府派葉志超率軍進入朝鮮後，日本也趁機派兵在朝鮮仁川登陸，佔領了漢城。東學黨起義被鎮壓後，清政府建議中日兩國同時撤出朝鮮，遭到日本的蠻橫拒絕。日本政府藉口要幫助朝鮮政府改革內政，繼續增兵，人數遠遠超過清軍。朝鮮面臨著戰爭的危險，以光緒帝的師傅、戶部尚書翁同龢為代表的一部分官僚主張對日作戰，那拉氏支持的后黨官僚，以李鴻章為代表，主張和解、妥協，不作戰爭準備，指望外國出面「調停」。七月二十三日，日軍俘虜了朝鮮國王，扶植傀儡政權。七月二十五日，日本海軍突然襲擊牙山口外未島海面附近的清軍船艦。不久，又進攻牙山附近的清軍，挑起了戰爭。八月一日，清政府被迫宣戰，甲午中日戰爭爆發。

110 美國「門戶開放」政策的主要內容是什麼？對中國有什麼危害？

當各帝國主義國家在中國瘋狂掠奪「勢力範圍」的時候，美國正忙於美西戰爭，戰爭結束後，美國於一八九九年向英、俄、德、日、意、法六國政府提出所謂的「門戶開放」的照會，其內容是：美國承認各國在中國的「勢力範圍」和它們已奪得的特權，同時要求在各國的租借地和勢力範圍內美國享有同等的貿易機會，要求中國內地全部開放，使帝國主義國家都享有投資權利。

英國由於侵略中國的優勢地位開始削弱，首先支持美國的「門戶開放」政策，其他國家也先後表示同意。從此以後，美國在中國的侵略勢力日益擴大了。

111 什麼是「百日維新」？它有什麼重要的歷史意義？

一八九八年，以康有為為首的資產階級改良派發動了戊戌變法運動，主張在政治上興民權，實行君主立憲；經濟上開辦實業，發展民族經濟；思想文化上興學堂，提倡西學，開啟民智。

這些主張代表了中國的新興民族資產階級的利益。一八九八年六月十一日，光緒皇帝頒布「明定國是」詔書，正式宣布變法。在變法期間，維新派通過光緒皇帝發布了許多政令詔書，實

唐有為

施了政治、軍事、經濟和思想文化等方面的一系列改革，但這些措施並未觸及封建統治的基礎，並為封建頑固勢力所不容。一八九八年九月二十一日，清政府內以慈禧太后為首的頑固勢力發動了政變，囚禁了光緒皇帝，慈禧重新「訓政」，維新變法遂告失敗。新政只維持了一百零三天，所以史稱「百日維新」。

維新變法運動雖然失敗了，但是它具有重要的歷史意義。首先，資產階級維新派希望通過變法改革現狀，挽救民族危機，發展資本主義，這是愛國的和進步的；其次，維新派宣傳西方資產階級的政治學說、哲學和自然科學，反對封建君主專制的統治秩序，在社會上起了思想啟蒙的作用，戊戌變法運動，大大便利了資產階級革命思想的傳播。

112 義和團運動是怎樣興起的？爲什麼把矛頭指向帝國主義？

甲午中日戰爭以後，帝國主義強佔「租借地」和劃分「勢力範圍」，掀起了瓜分中國的狂潮，中國的民族危機空前嚴重。隨著帝國主義政治經濟侵略的深入，外國傳教士的活動也越來越猖狂，他們勾結地方官吏，到處欺壓人民，清政府又採取反動的「扶教抑民」政策，因此，各地反教會運動洶湧澎湃。這個時期，山東受害最甚，甲午戰爭期間山東遭到日寇的蹂躪，戰後德國強租膠州灣，英國強租威海衛。中華民族與帝國主義的矛盾達到十分尖銳的程度，一八九九年，終於在山東釀成大規模的反對帝國主義的義和團運動。義和團原名義和拳，是山東、河南、直隸一帶的「反清復明」的民間秘密組織，參加者主要是貧苦農民，隨著帝國主義侵略的加深，義和拳的矛頭開始指向帝國主義。後來，義和拳改名義和團，由秘密轉為公開，提出「扶清滅洋」的口號。一八九九年秋，山東省平原縣義和團在朱紅燈領導下進行武裝起義，到一九〇〇年夏天，義和團在北京、天津地區迅速發展，東北、山西、內蒙、河南等地都爆發了義和團運動，南方各省的反教會鬥爭也此伏彼起，反帝反封建鬥爭在全國形成了。

113 中國同盟會是怎樣成立的？領導和發動了哪些主要起義？有什麼意義？

在孫中山的推動下，一九〇五年八月，興中會、華興會和光復會等組織的代表在日本東京開會，成立了中國同盟會。同盟會以孫中山提出的「驅除韃虜，恢復中華，建立民國，平均地權」作為政治綱領，還通過了《同盟會章程》，選舉孫中山為總理，建立了領導機構，推派各省同盟會的負責人，同時決定創辦《民報》，作為宣傳革命的刊物。中國同盟會是中國第一個全國規模的統一的資產階級革命政黨，它的成立對推動全國革命的發展具有重要意義。

同盟會成立以後，積極領導了各地武裝起義，在它的領導和影響下發動的起義有：一九〇六年底的萍瀏醴起義，一九〇七年底的鎮南關起義，一九〇七年七月光復會會員徐錫麟在安慶刺殺安徽巡撫恩銘的起義，一九一一年四月的廣州起義（又稱「黃花崗起義」，「黃花崗七十二烈士」就是在這次起義中壯烈犧牲的革命志士）。

上述同盟會領導和影響下的起義，雖然大多失敗了，但都不同程度地打擊了清朝的反動統治，為武昌起義打下了基礎。

孫中山

114 什麼是「三民主義」？

一九〇五年十一月，孫中山為同盟會的機關報《民報》寫的發刊詞中，第一次將同盟會的綱領概括為民族、民權、民生三大主義。民族主義包括「驅除韃虜，恢復中華」，即推翻實行民族壓迫的清政府，建立以漢族為主體的民族國家；民權主義即「創立民國」，推翻封建君主專制制度，建立資產階級共和國，這是「三民主義」的核心；民生主義即「平均地權」，核心是解決土地問題。

「三民主義」是中國歷史上第一個比較完備的資產階級民主革命綱領，但它沒有提出反對帝國主義和消滅封建土地所有制，因而不是一個徹底的民主主義綱領。

115 武昌起義是怎麼回事？辛亥革命有什麼歷史意義？

正當四川保路運動進入高潮的時候，一九一一年九月，湖北的文學社和共進會在同盟會的推動下，聯合成立領導機構，準備在武昌起義，由蔣翊武任總指揮，孫武任參謀長。由於革命黨人長期在湖北新軍中做工作，湖北新軍成了起義的主要力量。十月九日，孫武等在漢口俄租界裡製造炸彈，不慎爆炸，起義計劃洩露，大批革命黨人被捕。在緊急情況下，十月十日晚七時，住在武昌城內的新軍工程營革命黨人熊秉坤、金兆龍等首先起事，新軍各營和部分軍事學校的學生聞風起義。十一日，起義軍攻佔武昌，十一日晚和十二日晨，駐漢陽和漢口的新軍起義，革命首先在武漢三鎮取得勝利。這一年是舊曆辛亥年，歷史上稱這次革命為辛亥革命。在武昌起義勝利的影響下，到十一月下旬，全國二十五個省區中，已有十五個宣布獨立，清政府的統治土崩瓦解。一九一二年元旦，孫中山就任中華民國臨時大總統，宣告中華民國成立。但不久孫中山被迫辭職，代表大地主大買辦利益的袁世凱在北京就任中華民國臨時大總統，辛亥革命的勝利果實被袁世凱竊取了。

孫中山領導的辛亥革命，是中國近代史上一次偉大的反帝反封建的資產階級民主革命。辛亥革命的意義首先表現在孫中山領導的資產階級革命派通過武裝鬥爭，推翻了中國兩千多年來的君主制度，建立了資產階級民主共和國；其次，辛亥革命使人民獲得了一些自由和民主權利，在政治上和思想上獲得了很大的解放，從此以後，民主共和的觀念深入人心，中國資本主義繼續向前發展。總之，辛亥革命雖然沒有改變中國半殖民地半封建社會的性質，但是孫中山和他領導的辛亥革命的偉大歷史功績，永遠閃耀著光芒。

湖北軍政府大樓

116 袁世凱和張勛怎樣進行復辟？結果怎樣？

袁世凱一心想當皇帝，在篡奪革命勝利果實後，首先大量出賣國家主權。一九一五年，袁世凱全部接受了日本提出的旨在滅亡中國的《二十一條》。同時，他加快了復辟帝制的步伐。

一九一三年三月，派人殺害了國民黨理事宋教仁；十月，強迫國會選舉他為正式大總統，不久下令解散國民黨；一九一四年廢除《中華民國臨時約法》，公布《中華民國約法》，把大總統的權力擴大到幾乎同皇帝一樣；十二月十二日，他接受了各省事先準備好的「推戴書」，當上了「中華帝國」的皇帝；接著，他下令改一九一六年為「洪憲」元年，準備元旦登基。

袁世凱的復辟活動，遭到全國人民的反對，革命黨人起兵反袁，一九一五年十二月爆發了「護國運動」，袁軍節節敗退。一九一六年三月，袁世凱被迫取消帝制，同年六月在絕望中死去。

袁世凱死後，軍閥段祺瑞掌握了北京政府的實權。一九一七年，日本指使當時任總理的段祺瑞向德國宣戰，美國指使黎元洪總統反對參戰，段黎之

袁世凱

間矛盾激化，出現了所謂「府院之爭」。在段祺瑞的慫恿下，六月，安徽督軍張勛以調停為由，帶領五千「辮子軍」（因為軍隊士兵都留有清朝的長辮，故如是稱）進入北京，逼黎元洪解散國會。七月一日，張勛、康有為擁溥儀為帝。消息傳出，全國憤怒，孫中山發表《討逆宣言》，段祺瑞趁機組成「討逆軍」，很快把張勛逐出北京，復辟醜劇經過短短的十二天迅速失敗。

117 爲什麼說沙俄是侵略中國領土最多的國家？

一八五八年，英法聯軍進攻天津時，沙俄用武力強迫黑龍江將軍奕山簽訂不平等的《中俄瑷琿條約》，從中國割去了黑龍江以北、外興安嶺以南的六十多萬平方公里的土地，還把烏蘇里江以東約四十萬平方公里的中國領土劃作兩國共管，不久又佔據中國重要港口海參崴，改名「符拉迪沃斯托克」，作為其海軍基地。

一八六〇年十一月，沙俄強迫中國簽訂《中俄北京條約》，霸佔烏蘇里江以東包括庫頁島在內的大約四十萬平方公里的中國領土。一八六四年十月，又強迫清政府簽訂《中俄勘分西北界約記》和《北京條約》，侵佔了巴爾喀什湖以東、以南四十四萬多平方公里的土地。

一八八一年二月，強迫清政府簽訂《中俄伊犁條約》，又割去了霍爾果斯河以西地區，並使沙俄取得了「勘察」中俄西北邊界的權利。一八八二年以後又陸續簽訂了幾個勘界議定書，由此沙俄又侵佔了我國西北邊疆七萬多平方公里的領土。一八九二年，沙俄又派侵略軍強佔了帕米爾地區薩雷闊勒嶺以西兩萬多平方公里的中國領土。一九〇〇年七月，沙俄侵入江東六十四屯，屠殺當地居民數萬人，霸佔了此地。沙俄通過一系列不平等條約，一共強佔了中國一百五十多萬平方公里的土地，是近代史上掠奪我們領土最多的國家。

118 五四運動是怎樣爆發的？有什麼偉大的歷史意義？

一戰以後，英、法、美等帝國主義於一九一九年一月在巴黎召開「和平會議」，中國作為一戰戰勝國參加，但中國提出的取消帝國主義在華特權、取消《二十一條》、歸還山東等正義要求遭到拒絕，德國在山東的權利被轉給日本。消息傳到國內，一九一九年五月四日，北京學生三千多人在天安門前示威遊行，高呼「外爭國權，內懲國賊」、「還我山東」、「拒絕在和約上簽字」等口號，要求懲辦親日派賣國賊曹汝霖、章宗祥、陸宗輿，「五四運動」正式爆發。隨後長沙、天津、武漢、上海、南京、濟南、廣州等地的學生紛紛回應，學生愛國運動擴展到全國。六月三日，北京學生遭到鎮壓。兩天後，上海日商紗廠的中國工人罷工，唐山、長辛店、九江等地工人相繼罷工，中國無產階級第一次作為獨立的政治力量登上了政治舞臺，五四運動發展成為無產階級、小資產階級和民族資產階級共同參加的全國性的革命運動。

五四運動是一次徹底的反對帝國主義、封建主義的愛國運動。在這次運動中，中國無產階級開始登上政治舞臺，並表現了偉大的力量。具有初步共產主義思想的知識份子起了領導作用，他們認識到工人階級力量的偉大，走上了同工農相結合的道路，並促使馬克思主義開始同中國工人運動結合起來，為中國共產黨的成立做了思想上和幹部上的準備。「五四」運動是中國革命從舊民主主義革命時期向新民主主義革命時期轉變的標誌，具有劃時代的歷史意義。

一九一九年五月四日北京數千學生在天安門前舉行集會

政治篇

政治篇

1 商周時期的政治思想有哪些？

商朝政治思想的主流是神權思想。商朝奴隸主貴族宣揚一種與「帝」崇拜相結合的「至上神」的觀念，認為「帝」是自然界和人類社會的最高主宰，是有意志的神，認為他能發號施令，實行賞罰，一切人事如年歲平歉、戰爭勝敗、城邑興建等都是由他決定的。巫、祝們按照統治階級的意志，通過卜筮來傳達所謂上帝的意志，以愚弄民眾。在強調神權思想的同時，商朝統治者逐步認識到人在政治統治中的作用。

到了西周，政治思想的內容有了很大的發展，實現了由「殷人尊神」到「周人尊禮」的轉變。以周公旦為代表的政治家們對政治基本問題有了較深的認識，他們雖仍假借神意來說明和處理政治問題，但也提出尊天、敬德、保民的思想，天威並非誠實可信，而民情總是可見的，小人是難以治理的，「天威悲憂，民情大可見，小人難保」。同時，西周統治者為了說明自己取代殷的合理性，還提出「天不可信」的觀點，認為上帝所賜予的天命不是固定不變的，「唯命不予常」，他們認為，只有「敬德」，才能「永命」，從而形成了敬德、保民、賞罰的思想，也就是「以德輔天」的思想，並根據這種思想，制定出了系統的禮樂制度。

2 孔子的政治思想是怎麼樣的體系？

孔子，名丘，字仲尼，魯國人，中國春秋末期思想家、政治家、教育家，儒家學派的創始人。「仁」與「禮」是其政治思想的基本精神和核心。

孔子大力宣傳「仁」。《論語》曾從不同方面記載了他對「仁」的解釋，「仁」是他心目中為人、處世、接物、從政的最高準則。其「仁」的核心是仁者愛人。他把道德作為政治中的根本問題，他認為應以道德為主，刑政為輔，把政治的實施過程看作是道德感化的過程，他認為從政不必當官，宣傳孝德就是從政。

他強調君臣關係。在他看來，君臣之間不只是權力制約關係，而要靠禮、忠、信等道德來維繫，他針對當時君臣關係混亂的狀況，提出「正名」，就是「名不正，則言不順；言不順，則事不成；事不成，則樂禮不興；

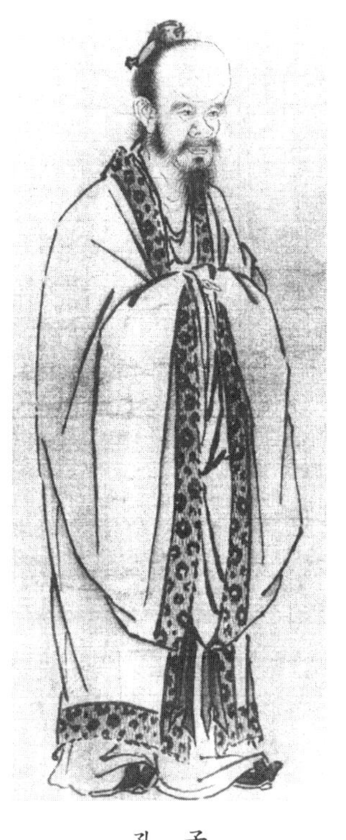

孔　子

樂禮不興，則刑罰不中；刑罰不中，則民無所措手足」。

針對春秋時期諸侯的無道，孔子提出「為政以德」，主張對民眾「道之以德，齊之以禮」，他的德具體分為富民、教民，博施於民而能濟民、使民以時，等等。

孔子的政治思想是一個複雜的體系。他的政治思想對中華民族，特別是漢族有過巨大的影響，在一定時期甚至構成了中華民族共同的心理和主要的思想方法，他的政治思想奠定了中國古代正統政治思想的基本格局，深刻影響了中國社會的發展。

3 孟子有何政治思想？

孟子，字子輿，中國戰國時期思想家、政治家、教育家，先秦儒家思想孟學派代表人物。孟子政治思想的主要內容有：①性善說。性善的核心是：「人皆有不忍人之心」，即人人都有不忍傷害別人的心，這種不忍人之心又可稱「惻隱之心」，即對別人不幸的同情心。圍繞「不忍人之心」，還有「善惡之心，辭讓

孟　子

之心，是非之心」，概括稱為「四心」；②仁政說。從人性善說出發，孟子認為，為政者可以而且必須用教化的方法，行王道仁政來治理人民和管理國家。他主張以德服人，認為只有以德服人，才能使人心悅誠服，無敵於天下，而以力服人只能使人貌恭而心不服；③主張君臣平等，暴君可誅。他認為君臣關係是平等的，臣不應該無條件地服從君，對於禍國殃民的暴君，他認為是可以討伐的；④重義輕利。對於統治者，他認為必須先仁義而後利；對於民，則認為只有獲得實際的物質利益之後，民才可能行仁義，反對不義的功利。

孟子在中國古代社會歷史上具有僅次於孔子的地位，被儒學派尊稱為亞聖。他與孔子一道奠定了中國封建社會正統政治思想的基本格局。

4 荀子建立了怎樣的儒學體系？

荀況，又稱荀子、荀卿，中國戰國末期思想家、政治家、教育家，先秦儒家的集大成者。他的政治思想的基本內容主要有：①性惡說。他認為人的性、情、欲有四個表現，即感官欲望、好利、排他性和妒忌心。人好榮惡辱，因而自然本性是惡的，必須通過禮樂道德的約束和教化加以改造，才能使人去惡從善。②「禮」與「法」並重。他認為禮是立國的根本，最高的道德，人類社會行動的最高準則。人人都有追求物質利益的欲望，因此必須通過制定的「禮」來維繫。他還認為，光講「禮」，不講法度，不足以維持統治。③尊君愛民。他認為君主是國家的最高統治者，只有把權力集中於君主手中，國家才能長治久安。他把君和民的關係比做水和船的關係，提出了「君者舟也，庶人者水也，水能載舟，亦能覆舟」的千古名言。④人治與「尚賢能」。他認為治國的關鍵是人而不是法。他由人治推論出了為政需要「尚賢能」，應該用人唯公，用人唯賢。

荀子繼承了以孔子為代表的儒家學說，建立了自己的思想體系。他的學說標誌著當時統治階級的統治經驗日益成熟，並對後世統治者產生了一定影響。

5 墨子的「兼愛」、「非攻」有何含義？

墨翟，中國戰國初期思想家，墨家學派創始人，後人尊稱墨子。他提出了「兼相愛，交相利」說，即不分尊卑貴賤，上下左右，愛一切人。他認為當時國家互相攻打，家與家互篡，是因為「不相愛」，或者叫「交相惡」。所以人與人、家與家、國與國只有「兼相愛」，才能「交相利」。這是墨子處理人們之間政治關係的基本觀點，也是

墨子

他的基本政治主張。他提出的「非攻」是「兼愛」思想在處理國與國相互關係上的具體運用。「非攻」並不是反對一切戰爭。他把戰爭分為「誅」和「攻」兩種，他對這兩種戰爭的態度是「誅」而非「攻」，「攻」是指不合他所謂義、利的那種戰爭，因此他不主張用「攻」的方式爭奪土地、民眾，稱王天下，但他認為要用「義」，並且根據「義」採取「誅」的手段來達到目的。另外，他還提出「尚同」、「尚賢」。

「尚同」就是在思想領域內實行思想統一；「尚賢」就是開放政路，任人唯賢，打破以「富貴」、「親戚」為用人範圍的舊框框。

墨子的思想表達了當時下層民眾要求平等、社會安定和擺脫痛苦的願望，這種思想在當時的「百家爭鳴」中獨樹一幟，影響極大。

6 商鞅變法和耕戰思想有什麼影響？

商鞅，中國戰國時期的政治家、思想家，法家代表人物。商鞅提出了歷史進化理論，在中國思想史上第一次用分期的方法分析了歷史的過程，並得出了今勝於昔的結論。他認為人類的發展經歷了「上世」、「中世」、「下世」和當今，並由進化論得出的基本結論是改革，不改革就沒有出路。但改革必須切中時代脈搏，抓住人民的意願，即利益。

商鞅

他的耕戰思想認為，力量決定著政治關係，而力量來源於耕戰。他認為農民是戰爭的最好預備兵，農業是培養戰士的學校。為了加強軍備，他還提出通過賞罰與宣傳，造成全國皆兵和聞戰則喜的局面。

商鞅認為實行法治的關鍵是信賞必罰。他主張以賞補罰，「重刑少賞」，輕罪重罰。輕罪重罰使人不敢犯輕罪，自然更不敢犯重罪。輕罪重罰還不足以奏效，他又提出要刑於將過，只要有犯罪的預兆就要處以刑罰，防患於未然。不能以功折罪，刑無等級，五公卿相至大夫庶人有犯法者，同樣處置。

商鞅的思想和商鞅變法使秦國由弱變強，奠定了秦國統一六國的基礎。他的思想特別是重刑的主張對後期法家及以後思想家產生了深刻的影響。

7 韓非子是怎樣詮釋「法」、「術」、「勢」的？

韓非子，中國戰國末期思想家，法家學派主要代表。他繼承前期法家學說，總結各國政治經驗，適應時代潮流，提出了一套「法、術、勢」三者結合的帝王統治之術，形成了強化封建專制的中央集權學說，成為法家學說的集大成者。

他反對復古的歷史觀，認為社會生活的問題不同，解決的辦法也應該不同，應該從當時的實際出發尋找解決問題的辦法。

他認為，人性都是自私的，趨利避害是人的本性，人們進行一切社會活動都是為了牟取私利，因此應該用暴力加以教化，所以他對儒家的仁義道德學說進行了猛烈抨擊。

他把前期法家學說綜合起來，把慎到倡導的「勢」、商鞅提倡的「法」和申不害宣揚的「術」結合起來，提出以「法」為中心的「法、術、勢」三者相結合的封建君主統治之術，即高度集中權力，制定和依據法律，使用權術來統治國家。

韓非的暴力論、法術勢相結合的君主專制理論反映了當時新興地主階級的統治要求和進取精神，不但影響了秦始皇的統治策略，而且對後世的思想家和政治家也產生了重大的影響。

8 君權神授理論的發展過程是怎樣的？

君權神授是神化封建君主專制制度的一種政治理論，認為皇帝的權力是神授的，具有自然的合理性，皇帝代表神在人間行使權力，管理人民。在中國，夏代奴隸主已開始假借宗教迷信進行統治。殷商奴隸主貴族創造了一種「至上神」的觀念，稱為「帝」或「上帝」，認為它是上天和人間的最高主宰，又是商王朝的宗族祖神，因此，老百姓應該服從商王統治。西周時代用「天」代替了「帝」或「上帝」，周王被賦予「天子」的稱呼。

君權神授理論在漢代又有了系統的發展。董仲舒提出了「天意」、「天志」的概念，並且提出了「天人相與」的理論，認為天和人是相通的，天是有意志的，是最高的人格神，是自然界和人類社會的最高主宰，天按照自己的面目創造了人，人應該按照天的意志行事。他認為皇帝是天的兒子，人民應該絕對服從皇帝。

君權神授的理論，強調君權的天然合理性和神聖不可侵犯性。這種理論在中國產生了深遠的影響，歷代帝王以至起義的農民領袖，無不假托天命，把自己的活動看作是受上天的指示，因而達到神化自己及其活動的目的。

9 三綱五常是指什麼？有什麼影響？

「三綱五常」是中國漢朝思想家董仲舒建立起來的封建倫理政治學說。

董仲舒按照他的「天道」理論，提出了「三綱」原理和「五常之道」。董仲舒認為，在人倫關係中，君臣、父子、夫妻這三種關係是最重要的。而這三種關係存在著天定的、永恆不變的主從關係，君為主、臣為從，父為主、子為從，夫為主、妻為從，亦即所謂「君為臣綱，父為子綱，夫為妻綱」，簡稱「三綱」，從而確立了君權、父權、夫權的統治地位，把封建等級制度、政治秩序神聖化為宇宙的根本法則。

「五常之道」是指仁、義、禮、智、信。董仲舒認為，五常之道是處理君臣、父子、夫妻、上下和尊卑關係的基本法則，治國者應該給予足夠的重視。在他看來，人之所以不同於其他動物的一個重要區別，在於人類具有與生俱來的五常之道，必須堅持五常之道，從而維持社會的穩定和人際關係的和諧。

董仲舒提出的三綱五常理論，用神學目的論的謊言肯定了階級統治和等級服從的神聖性和合理性，成為中國封建專制主義統治的基本理論，為歷代封建統治階級所提倡。它作為封建社會的最高道德法則，被寫進封建家族的族譜中，具有規範、禁錮人們思想與行動的作用，兩千年來它一直影響著中國人的國民性。當然，這種思想在一定時期內也起到了維護社會秩序、規範人際關係的作用。

10 李斯有哪些政治思想？

李斯，中國秦代政治家。他幫助秦始皇統一中國，被封為丞相，其政治思想主要集中在《史記》中。

李斯崇尚法治，推崇申不害、商鞅、韓非的法治理論，是法家政治理論的實踐者。李斯主張「師今」，反對「師古」，認為時代在不斷發展變化，政治制度也要隨時代的變化而變化，不可因循守舊。他主張實行郡縣制，反對分封制。在天下剛剛統一後，如果重新分封立國，就是自己埋下戰爭的種子。他贊成暴力統治，主張實行嚴刑峻罰。他提倡君主獨裁，認為一個英明的皇帝之所以能久處尊位，獨擅天下之利，根本原因在於「能獨斷而審督夷，犯必深罰。故天下不敢犯也」。他極力主張文化專制，支持並堅決執行秦

李 斯

始皇的焚書坑儒政策。

李斯提倡的一些極端政策，一方面有利於加強秦朝君主專制主義的中央集權統治，另一方面也為秦王朝的迅速滅亡埋下了禍根。

11《淮南子》有什麼政治思想？

《淮南子》又稱《淮南鴻烈》，是淮南王劉安召集賓客集體寫作的。劉安主持寫這部書，目的是論述帝王之道，為圖舉大業作理論準備。

《淮南子》的政治思想比較複雜，其中佔主導地位的是無為政治思想。它在主流上反對放任自然、無所作為的無為論。作者所理解的無為是講客觀與主觀的契合與統一，在契合中發揮主觀能動性。

《淮南子》把對歷史的認識當作對現實和未來的一種認識的基本方式，認為歷史既是一個進化過程，又是一個退化過程，因此，人為的禮義制度只能收一時之效，不可能永遠適用，應該順時變法。它還認為，法也是歷史的產物。

法起源於人類自我控制的需要，同時也是為了維持公眾的利益，即「適眾」。法的起源還有一層含義，即給君主以限定，使君主不能擅自妄為，特別強調了法的社會性。

《淮南子》思想複雜，融合了許多不同學派的觀點，作為黃老政治思想的一部分，有一定的歷史意義。

12 晁錯有什麼政治思想？

晁錯，漢初法家，他兼通法、儒，文帝、景帝時參與朝政。他為人聰明峭直，號稱「智囊」，因為力主削藩，成了宮廷鬥爭的犧牲品。

他認為治國之大體和通人事在於配天地和順人情。配天地是當時的一個共識，中心是要求君主正確處理天、地、人三者的關係，這樣才能保持人類與自然的平衡，才能保證人的自身生存條件不受干擾。通人事則在於順人情，晁錯把人情歸結為四欲：「欲壽」、「欲富」、「欲安」、「欲逸」，他主張一切法令和政事都要以人情為依據，為政之忌是違反人情，如能順人情，君主與天下之民就能取得和諧。在順人情上，特別要注意民眾的衣食與賞罰。為了保證衣食之源，他提出了重農貴粟和抑末的主張。法律也是與民利聯繫最為緊密的一大問題。晁錯認為立法的目的不是為了使民懾服和畏懼，置民於死地，而是「以是興利除害，尊主安民，而救暴亂也」。當時法律的中心是賞和罰，晁錯提出，行賞不是給予和表示恩惠，而是為了「勸天下之忠孝而明其功也；故功多者賞厚，功少者賞薄」。行罰絕不是肆意示威，而是「以禁天下不忠不孝，而害國者也，故罪大者罰重，罪小者罰輕」。

另外，晁錯還提出了君主集權等一系列其他政治主張，對漢初政治也產生了重要影響。

13 漢武帝是如何確立儒學的統治地位的？

西元前一四〇年，漢武帝劉徹即位，他有膽有識，雄才大略，一心要振興朝綱，加強集權，鞏固漢家天下。他認為儒家思想比黃老思想更適合於他的需要，於是他通過大膽徵用儒學之士，在政治上形成了崇儒的局面，並且找到以董仲舒為代表的董氏公羊學，儒學被定為一尊。

漢武帝經過幾十年的努力，為封建帝國找到了比「黃老思想」更為適用的政治理論。他看到，儒學的尊君、禮制、等級和忠孝思想更有助於維護君主的權威，儒家的德治教化則是束縛人們思想的重要手段。對於專制統治者來說，嚴格控制人的思想意志與約束人的行為同等重要。儒家的德治仁政學說又能為君主政治進行某種修飾和補充，特別是儒家的各種儀制典章，可以將專制主義暴力統治進行粉飾。但是，武帝崇儒，並非以儒家政治學說作為全部政策的出發點，而是注重儒術的「文飾」功能。正如司馬光所說，武帝「雖好儒，好其名而不知其實，慕其華而廢其質」。不過，經過漢武帝的擢升，儒學終於有了官方身分，走上了與政治相結合的道路。以後經過歷代君主一再確認，儒學始終佔據政治指導思想的寶座，成為中國傳統政治思想的主流，對於中國傳統社會的政治、經濟、文化等方面的發展均有極大的影響。

14 「大一統」是什麼含義？

「大一統」是《公羊傳》政治思想的主旨，高度概括了傳文作者的政治理想，他們嚮往實現高度統一的君主統治，天子是全國最高主宰，所謂「王者無外」，即無可爭辯地擁有對國家的最高政治權力和對全國土地的最高佔有權力。

傳文作者通過辨析「長」與「貴」的關係，論述了等級理論。「長」是以血緣關係為基線的自然長幼序列，不包括什麼政治意義。「貴」則是一種政治社會現象，貴賤之分是以權力佔有和分配為特徵的政治性等級序列，表現為各種等級的政治身分，因此「貴」高於「長」。

傳文者把體現著君臣、高下、尊卑的等級原則作為第一要義和基本的政治原則。等級在政治實踐中具體表現為各種禮制儀節。另外，禮制的形式和內容要協調一致，禮所體現的等級原則是一般政治原則，有絕對的權威性，不為現實政治中權力的更迭所影響和削弱。

等級原則納入具體政治關係中，首先是對君臣關係的確認，君臣之間是主從隸屬關係，臣必須遵照君主命令行事，否則就是叛逆。

另外，傳文作者還提出了君統傳延原則，即維護君權世襲，要實行世襲制。

「大一統」是《公羊傳》的理論核心，它的政治思想是以維護中央集權政治為基本特點的專制主義政治理論。

15 董仲舒的天人政治論有何基本內容？

董仲舒是西漢初期著名的公羊學大師，他的政治思想是以儒家學說為骨幹，兼收陰陽家、道家和法家的思想。

在世界觀上，他提出「天人相與」理論，認為天和人是相通的，天是有意志的，是最高的人格神。人要按照天的意志辦事，由此他認為君權是神授的，君權至上，皇帝處於最尊貴的地位。但董仲舒又怕君權太大，危害社會，於是又提出天譴說，試圖利用天的權威給君主一定的約束。

在社會政治關係上，董仲舒運用陰陽之道提出「陰陽合分論」，並由此推出三綱五常說，

董仲舒

等級制是君主政治賴以生存的保障，董仲舒為強化等級制度提供了更為精巧的理論。

董仲舒也運用陰陽之道規範封建統治者的政策原則，提倡德刑兼備，以「德」為主，以「刑」輔之。德治主要有兩方面：一是行教化；二是施仁政。他還特別提醒君主行「德治」的同時必須牢牢把握住權力。從總體上看，董仲舒政策主張的立足點是調和，他認為理想的政治局面是「中」與「和」。

董仲舒以儒為主，糅以陰陽五行、法、墨等思想，形成了系統的天人政治論，對於傳統政治思想的形成和發展具有重大的影響。

16 曹操有什麼政治主張？

曹操，三國時期政治家、軍事家和文學家。

曹操的基本政治主張有：①力主統一。他利用漢王朝的名義，「挾天子以令諸侯」，打擊豪強割據勢力，爭取全國的統一。「挾天子以令諸侯」，是在當時的客觀形勢下號召天下，團結內部，消滅割據，實現全國統一的重要政治策略。運用這個策略，他掌握了政治上的主動權，爭取到了許多願意實現統一的政治勢力，壯大了自己的軍事力量，取得了統一戰爭的節節勝利。②主張以法治國。他要求嚴格法規，賞罰分明，不官無功之臣，不賞不戰之士，他重視執法者的人選和執法者以身作則的作用，認為這是貫徹法令，實行法治的保證。③主張唯才是舉。這是曹操政治主張最具特色的地方。他認為，天地間，人為貴。要建功立業，只有靠人的智慧和才能。因此他重視人才，鄙視德行禮教，認為遵守封建禮教的人未必有開創事業的能力，有開創事業能力的人未必肯遵守禮教。他主張用那些英勇、果敢、臨陣力戰的人，不拘一格選用人才。

曹操的政治主張在當時統一北方的事業中發揮了巨大作用，對後世也有較大影響。他的唯才是舉主張，促進了人們對於用人制度和才德關係的思考。

17 諸葛亮有什麼政治主張？

諸葛亮，三國時期政治家和軍事家。在政治上他主張統一，在「隆中決策」中提出了成就霸業、興復漢室、統一全國的目標，其方針策略是：佔據荊州、益州，整修內政，西和諸戎，南撫夷越，東聯孫吳，北抗曹操，逐步統一中國。這個計劃表現了諸葛亮的雄才大略。

在政治思想上，他兼具儒、法、雜以及道家

諸葛亮

思想。他認為要實行法治。①賞罰要公正，賞不可虛設，罰不可妄加；賞不可不平，罰不可不均。②「私不亂公」，不能用私情來枉法，內外如一，親疏不別。鐵面無私，秉公辦事。③執法要以身作則。

諸葛亮在實行法治的同時，也主張為政以德，將德政視為「安民之本」。他還吸收了儒家的倫理道德思想，把維護和鞏固君臣、父子、夫妻等倫理關係作為治理天下的重要政治原則。他比較強調「順天」和「忠君」。上順天，下忠君，這是諸葛亮終身奉行的政治信條和行為準則。他還吸取了某些道家思想。在個人生活和專取方面，他受到道家淡泊無為思想的影響。

諸葛亮利用其剛柔相濟、德刑並施的政治思想，有效地治理了混亂腐敗的蜀國。同時他對西南地區的社會經濟的發展作出了有益貢獻。他的忠臣形象為人們所推崇和敬仰。

18 魏徵有什麼政治思想？

魏徵，中國唐初政治家和思想家。他的政治思想主要圍繞李唐王朝的長治久安問題展開的。①與民休息，勵精圖治。他認為統治的關鍵即在於此。由亂及治必須息干戈土木，罷不急之務，免靡麗之作，輕徭薄賦，發展生產，否則就無以為治。②居安思危，防微杜漸。他認為當今之要務，應思隋亡以為鑒，若能思其所以危，則安；思其所以亂，則治；思其所以亡，則存。在大亂之後，在成功面前，應兢兢業業，居安思危，防微杜漸，慎始慎終，提出了著名的「十思」和「十漸」。③「兼聽則明，偏信則暗」。他認為有道明君必須「兼聽」，不能「偏信」。兼聽就是要虛心外求，傾聽各種意見，集思廣益，擇善而從。要兼聽就不能怕批評，不能怕意見尖銳，更不能把激切的意見和誹謗混為一談。偏信就是剛愎自用。偏聽偏信是君主昏庸無能的表現。

魏　徵

魏徵的長治久安、與民休息、居安思危、兼聽廣納的主張，對於唐初的穩定和發展，對於繁榮昌盛的貞觀之治的形成，都起了重要的作用，這些主張也為後人所稱道。

19 韓愈的道統學說包含什麼內容？

韓愈，中國唐朝中後期思想家、文學家。他提倡儒家的正統觀念，系統地提出了以排佛樹儒為特徵的道統學說。

道生於仁義，在於人的道德自覺、正心、誠意，也就是人的道德自我完善的過程。不過，韓愈認為，仁存於內，心和行的統一才是道的全部，即由正心、修身達到治國平天下的境界。他提倡儒家的正統觀念，旨在反對佛教的出世原則，維護世俗的封建統治秩序和儒學的正統與獨尊地位。

韓愈從道的原則出發，系統地論證了君主專制制度的合理性。在他看來，君主的出現，就是民眾的福祉，君主既是民眾的統治者，又是民眾的救星，如果沒有君主出現，民眾就無法生存，在社會生活中，起決定作用的是君主，因此要尊君。由於在觀念上認定國家、民眾是君主的私有物或附屬物，韓愈認為，君主統治民眾的最好辦法是實行愚民政策。君主治理國家不能把治理國家的辦法告訴民眾，民眾不能有政治智慧，不能知道政治的奧秘。

韓愈是唐代傑出的思想家之一，他的政治傾向基本上是保守的，他排斥佛老的思想主張，對於儒家思想的統治地位的鞏固發揮了一定的作用。他的道統學說，對宋代政治思想影響頗深，因此被宋人奉為道學正統。

20 柳宗元有什麼政治思想？

柳宗元，中國唐朝後期思想家、政治家、文學家。關於君主與國家產生的根本原因，他認為，君主的出現是人與人之間的利益衝突尖銳化的結果，因而君主的出現，主要是為了適應止爭奪、斷曲直的需要。他認為，仁德不是來源於天賦，人與生俱來的不是道德品質，而是明和志，就是政治家所應有的志向和胸襟。君主和國家產生於武力和爭奪。

柳宗元政論文的代表作是《封建論》，該文是對中國歷史上關於地方制度實行分封制還是實行郡縣制的長期爭論的總論。他認為，「封建」不是出自「聖人」的智慧，而是由當時的社會歷史條件決定的。根據周秦以來的歷史，柳宗元闡發了郡縣制優於分封制的理由，認為分封制始終是導致國家分裂、社會不安定的因素。因此他主張鞏固郡縣制度，反對分封制。這種思想在當時有著維護唐朝統一、反對藩鎮割據的進步意義。

柳宗元還對社會進行了批判，對封建等級結構進行了指斥，對腐敗的官場進行了無情的鞭撻。

21 司馬光有什麼政治思想？

司馬光，中國北宋政治家、史學家。他堅決反對王安石變法，認為「祖宗之法不可變也」。事實上他不反對當時的政策調整，他反對的是原則性的變更。

他主張尊君，是堅定的君權維護者。國家治亂興衰繫於人君一身，沒有人君來決是非，行賞罰，國家將混亂不寧。臣應絕對服從君主，必須保持君主權力的獨裁至上。

司馬光

司馬光強調以禮治國，認為禮的規定是聖人根據天地法則制定的。禮是天道的再現，禮作用於人間，紮根於上天，具有絕對的神聖性和權威性，每個人都要遵從禮的規定。

司馬光認為治國要賞罰分明，所謂賞罰分明，就是賞罰公平，不能厚此薄彼，畸輕畸重。在用人問題上，司馬光主張德才並重，德先才後。對於「才」與「德」的關係，他說：「才者，德之資也；德者，才之帥也。」他認為國家選拔人才，應該選拔那些德才兼備的「聖人」，退而求其次，是選拔「德勝才」的「君子」。如果「聖人」、君子都得不到，寧可要愚人，也不要那些小人。因為小人有才，如虎添翼，將遺患無窮。

司馬光繼承了儒家的政治思想，在儒家思想指導下編寫成的政治歷史巨著《資治通鑑》，對中國古代政治產生了重大影響。

22 王安石的變法理論有哪些內容？

王安石，中國北宋政治家、思想家、文學家，主張推行「新法」。王安石變法以「三不足」為理論依據。他用「天變不足畏，祖宗不足法，人言不足恤」的「三不足」口號，回擊了反對派對新法的攻擊，他不顧種種誹謗與攻擊，毅然實施新法。

王安石變法以理財為主要內容，理財重點在開拓財源，關鍵是抑制豪強，主張打擊豪強，抑制兼並和特權。他以平均賦稅作為抑制豪強的主要手段，推出募役法，並申明這樣做的目的就是要減輕農民的負擔。這些措施不僅增加了國家收入，也利於貧民。王安石主張抵抗外敵侵略，倡導積蓄力量與遼夏鬥爭。他重視人才和教育，大膽提拔了一大批有才華的下層士大夫，改革了當時積弊已久的教育制度和科舉制度，力主學以致用。他主張刑德並舉，尊孔孟之道，以德為本，但又認為必須用刑來輔德，指出任德、任察、任刑三節不可偏廢。

王安石的新法推行了十六年，基本上達到了富國強兵的目的，對扭轉積貧積弱的局勢發揮了積極作用。王安石的變法理論和改革精神給後人以深遠影響。

23 蘇洵的「強政主張」有什麼含義？

蘇洵，中國北宋政治家、文學家。

蘇洵政治目光敏銳，認識到當時政局貌似清平，其實危機四伏。主要表現在：官吏不能勝任其職，冗兵擾民亂政，社會貧富對立加劇，遼夏欺壓中原。因此，他在認清形勢的基礎上提出了「強政主張」。

蘇洵的強化君主權力是君主權威由弱變強的主要途徑。君主要加強對臣民的約束力，提高對臣民的實際控制力，尚法用刑，神化政治，以等級制度作為治理國家的法門。他提出要整飭吏治，要強化官吏系統的結構性，增強統治集團的內在溝通，提高統治效力。另外，必須廣泛甄選有用人才，提高官吏的行政能力，通過嚴格賞罰考核制度，加強對官吏的約束。

蘇　洵

他提出治兵的關鍵是禦將，要明確將帥的職責，領兵將帥要忠於職守，從嚴治軍。君主對領兵將帥要嚴加控制，通過將帥統轄全國的軍事力量，君主和將領要相互配合，共同治兵。

蘇洵「強政」思想的主旨是通過政治調節，增強君權。他傾向改革，但反對操之過急。其中他加強法制、破格選才的思想對後人影響深遠。

24 朱熹表達了什麼樣的理學政治思想？

朱熹，中國南宋思想家、哲學家。朱熹是客觀唯心主義理學的集大成者，並用「理」的概念來討論政治。理是萬事萬物的根源，也是社會產生和運行的根源，人君治國只須本理而行，以天理治國便是王道，以人欲治國便是霸道。

朱熹的理學為封建倫理道德和等級制度秩序提供了理論根據。他說宇宙間一理而已，「其張之為三綱，其紀之為五常」，因天理是永恆的，故三綱五常也是永存的真理。朱熹提出「存天理，滅人欲」的口號，想以此來束縛人們的思想，維護封建統治秩序。

朱熹提出了「嚴本寬濟」的德政主張。他認為實行嚴格的刑罰就是仁政，否則就是害人。反對君主獨裁，提倡相對君權。朱熹認為，國家大事，君主不可擅自作主張，應該同臣僚們商量做出決定，然後公布實行。他主張君臣平等，君主不應當有絕對的權威。

在朱熹死後不久，他的理學被欽定為正統官方哲學。此後朱熹的理學支配了宋、元、明、清四代的政治思想。他的《四書集注》和《詩集傳》是明清兩代指定的教科書，他的注釋被認為是對儒家正統觀點的權威解釋。他的《朱子家禮》為封建士大夫所奉行，在社會上具有規範風俗習慣的力量。朱熹是中國封建社會後期影響深遠的思想家。

25 張居正有什麼政治思想？

張居正，中國明代後期政治家。明王朝統治危機的加劇，是張居正推行改革的思想背景。他提出一整套「救時」之方，其中首要的是如何加強中央集權，重振綱紀，曉諭天下服從教化，以統一人們的思想和行為。

他認為，吏治敗壞是造成「國匱民窮」的重要原因。他將整頓吏治作為施政的核心，循名責實，信賞必罰，嚴格考核官吏。

加強國家的根本建設，反對官府浪費人民的資財，反對豪強兼併人民的土地，主張體察民情，減輕賦稅，節儉省用，與民休息。

張居正政治思想的理論特點是強調「變革」和主張「治體用剛」。他說：「天下之事，極則必變，變則反始，此造化自然之理也。」張居正執政之時，正值大亂之勢成，基於這樣的認識，張居正主張運用強硬手段更改頹勢，於是提出「治體用剛」。他推行改革，加強中央集權，以穩定社會秩序。

他的政治主張由於來自實際需要，在改革實踐中發揮了一定作用。

26 王守仁建立了怎樣的「心學」體系？

王守仁，中國明代思想家、哲學家，理學思潮中心學一派的集大成者，學術地位甚高。

王守仁政治思想的哲學基礎是他創立的「心學」體系。「心學」的核心內容認為，心是宇宙本體，是天地萬物的主宰，宇宙間的萬事萬物是由人心衍生出來的。他說：「心外無物，心外無事，心外無理，心外無義，心外無善。」把心學原理用在政治上，就是把三綱五常等封建倫理、道德名教看作是人類的本能，說這種人心無所不在，「達四

王守仁

海，塞天地，亙古今」。表現在感情上，則「為惻隱，為羞惡，為忍讓，為是非」。表現在事物上，則為「父子之親，為君臣之義，為夫婦之別，為長幼之序，為朋友之信」。為了維護三綱五常的社會倫理關係，他提出「天下一家」的理想政治，他的「親民」為目的的「天下一家」的理想社會，是儒家傳統「仁政」理想的重構。

王守仁的唯心主義體系對後世有重大影響，進步思想家從積極方面理解它，吸收他強調思想意識的主觀能動作用的內容，成為要求解放思想的動力。阻礙歷史進步的人物從消極方面理解它，接受了他鎮壓人民的反動思想。

27 黃宗羲的社會批判思想有何特點？

黃宗羲，字太仲，號南雷，也稱梨洲先生，中國明末清初的思想家、哲學史家。

黃宗羲政治思想的特點是他對君主專制制度的批判。他認為歷來的皇帝都是自私的，是天下的公害。他們出於自私的目的，不惜犧牲千百萬人的生命來奪取皇帝的寶座，一旦登基，就驕奢淫逸。他批判「君為臣綱」的封建教條，認為臣子做官應該是為天下，並不是為皇帝；應該為萬民，而不應該是為某一家一姓。皇帝如果違背人民的利益，胡作非為，做臣子的就不應該盲從，即使受到強大的壓力，也不應該屈服。他提出了新的治亂觀，認為老百姓能獲得幸福就是

「治」，遭到不幸就是「亂」。黃宗羲主張限制王權，他極力反對「天下之是非一出於朝廷」的專制政治，提出用學校監督王權。他還揭露封建社會的法律是「一家之法」，而非「天下之法」，這些法沒有為民眾謀利益的內容，僅僅是統治者保護自己和他們子孫利益的工具。他強調法治，認為「有治法而後有治人」，並認為應該按照「公天下」的原則來立法。

黃宗羲是一個帶有市民思想色彩的地主階級思想家，他繼承和發展了傳統的民本思想，並反映了社會發展的進步趨勢。他思想中的民主因素給中國近代思想家很大的影響。

28 顧炎武的政治思想主要有什麼？

顧炎武，中國明末清初思想家。他學問淵博，主要著作有《日知錄》等。

在政治思想方面，顧炎武對君權持批判態度，反對把皇家的利益和民眾的利益等同起來。他用「國」和「天下」兩個概念區分一家一姓的王朝和屬於人民的天下。認為皇帝一家一姓的滅亡叫做亡國，而政治腐敗，人民受苦，則謂之亡天下。他認為「保國」是皇帝貴族和大臣們的事，「保天下」則是廣大

顧炎武

人民群眾的事。他還提出君民平等的思想，認為皇帝是為民而設的，皇帝和其他各級官員在政治上是平等的，不能凌駕於他人之上。皇帝作為群眾的代表，料理國家事務，沒有時間種地，應該給予俸祿月錢，稱之「祿以代耕」。顧炎武反對君主獨裁，認為君主獨裁會導致人民受到危害，小人得志。他不贊成法家政治，主張「正人心，厚風俗」，以「禮義廉恥」教化人民。

在學術思想上，顧炎武反對理學空談，主張學以致用，學術為政治服務。顧炎武的學以致用的治學思想對後世也有較大影響。

29 王夫之是如何堅持政治變化觀點的？

王夫之，中國明末清初的思想家、哲學家。在歷史觀上，王夫之堅持發展變化的觀點，認為自然和人類社會都是發展變化的，推進事物不斷進步是最高的道德。他認為政治也要更新而趨時。

王夫之主張「公天下」，反對「家天下」。他反對把皇家一家一姓的私利和人民的利益劃等號，認為一姓的興亡是私事，別人用不著去關心；而廣大人民群眾的生死問題才是人人應該關心的公事。從「公天下」的觀點出發，他認為歷史上的典章制度只要是對人民有利，雖對皇家不利，也是好制度。反之，如對皇家有利，而對眾民不利，就不是好制度。他用這個標準評價郡縣制度，認為它優於分封制度。他反對封建衛道士關於王朝正統的說法，認為天下並非一家的私有物，無所謂正統與非正統。判斷一個政權的順逆是非，是要看它的政績。王夫之主張寬以養民，任教而不任法。他認為法治在歷史上雖起過積極作用，但屬「一事之得」，不能當作普遍原則來推行。他反對豪強大地主，主張輕徭薄賦，藏富於民。

30 太平天國的政治思想有什麼特點？

太平天國的政治思想可分為前期和後期兩部分。前期的政治思想主要有：①反對滿洲貴族的民族壓迫，要求民族平等。揭露清政府滿洲貴族統治的種種罪惡，號召人民同心同德，推翻滿洲統治。②建立有田同耕、有飯同食、有衣同穿、有錢同使、無處不均勻、無人不飽暖的理想社會，主張以絕對平均主義的方式，平分土地和社會生活資料，消滅貧富差別，共有共享，實現每個人在政治經濟等方面的平等。③建立一個政教合一、軍政合一、寓兵於農的政權組織形式。主張政權組織軍事化、宗教化。④以平等精神對待國與國之間的外交關係，反對和抵制資本主義列強的威脅和侵略，堅持國家主權和獨立，主張在平等基礎上進行正常對外貿易。⑤在一定程度上反對封建文化，提倡男女平等。

太平天國後期的政治思想帶有明顯的資本主義色彩，主張借鑒西方資本主義國家的富強之道，提出了一系列政治、經濟、文化措施。這一時期的主要思想體現在洪仁玕的《資政新篇》之中。

太平天國政治思想基本上是以自然經濟為基礎的小農政治思想，作為傳統農民政治思想發展的最高峰，被注入了某些反映近代中國社會發展趨勢的新因素，在歷史上具有重要的意義。

31 洋務派「外須和戎，內須變化」是什麼含義？

洋務派，以倡導引進西方機器生產和科學技術的洋務運動而得名，主要代表人物有曾國藩、左宗棠、李鴻章、張之洞等。「外須和戎，內須變法」，概括了洋務派政治主張的兩個基本點。

「外須和戎」，主張通過外交談判解決同外國的爭端，避免武裝對抗。洋務派認為，中外實力相差懸殊，如果打仗，中國即使可能暫時獲勝，但最終仍會敗，應當「以理折之」。既反對不敢和外人爭議的愚葸，又反對輕易和外人決裂的魯莽。「以理折之」的原則是「守定和約」，即以既定的中外條約為準，承認侵略者已獲得的利益，抵制條約以外的要求，但這仍然無法阻止中國半殖民地化不斷加深的趨勢。

「內須變法」，主要是指學習西方資本主義國家富強的成功經驗，改變中國在軍事上、經濟上和科學技術上的落後狀態，主張「借法自強」。在國內展開軍事、經濟建設，創辦軍事工業，倡導興辦輪運、電訊、鐵路等一系列工礦交通企業以「求富」。選派青少年到歐美去學習西方先進技術。

洋務運動在一定程度上促進了資本主義在中國的發展，但由於處於封建主義壓制之下，其結果只能是失敗。

32 林則徐的愛國主義思想表現在哪些方面？

林則徐，中國近代愛國主義思想家。他的思想主要包括改革內政和反抗外敵侵略兩個方面。其中，他的抵抗外國資本主義侵略的愛國主義思想，是其政治思想中最突出的部分。他指出了鴉片走私為害甚巨，關係到國家民族的存亡。他主張嚴禁鴉片貿易，但允許各國正當的貿易，對各國採取區別對待的分化政策，收到了良好的效果。

他倡導了解西方，學習西方。他是向西方學習的首倡者，開眼看世界的第一人。他為了抵禦

林則徐

外國侵略者，採訪敵情，組織人員翻譯外國報刊和書籍，還翻譯西方關於製造大炮等武器方面的書籍，以學習西方先進的軍事技術。

他的愛國主義思想，在一定程度上依靠人民群眾的力量抗擊外國侵略者，他認為「民心可用」，招募水勇，訓練水師，又挑選壯丁，加以訓練，協同水師作戰。

林則徐是近代中國最早注意並了解西方資本主義國家情況的先驅人物。

33 龔自珍的社會批判思想的內容是什麼？

龔自珍，中國近代地主階級改革派思想家、政治家。他的社會批判思想成為他整個思想體系中最突出的部分，也是他的政治思想極為顯著的一大特色。

首先，他深刻地揭露了清朝封建統治面臨的嚴重社會危機和必將走向崩潰的歷史趨勢，清朝已進入衰世。其次，龔自珍憤慨地揭露了封建官僚統治集團的寡廉鮮恥、碌碌無為而又貪婪、腐朽的醜惡面目。他進一步指出，清朝吏治的腐敗，是同論資格用人的官僚制度分不開的。他說，仕人從做官之日起，要經過三十或三十五年才能當上一品大臣，等到熬過了三十多年而官至宰輔時，幹起事來力不從心，還拼命保官，畏首畏尾。再次，龔自珍痛切地揭露和批判了清代的漢學和宋學，以及腐敗的科舉制度扼殺人才的罪惡，這種制度嚴重地摧殘人才，造成國家「左無才

龔自珍撰青詞

相，右無才史，閫無才將，庠序無才士」這樣嚴重的困難局面。最後，他把揭露和批判的矛頭直指最高封建統治者。

龔自珍的社會批判思想，深刻地揭露了封建社會末期的種種尖銳矛盾，無情地鞭撻了清朝封建統治的黑暗和腐朽，實際上揭示了封建社會即將滅亡，新的社會歷史時期即將到來的趨勢。

34 魏源的改良主義觀點有什麼內容？

魏源，中國近代地主階級改革派思想家、史學家。為了反抗外國資本主義侵略，他在總結鴉片戰爭失敗教訓的基礎上提出了「師夷之長技以制夷」的著名主張。「師夷」是手段，「制夷」是目的，即通過學習西方的長處，來抵制外敵侵略。魏源說：「夷之長技有三：一戰艦，二火器，三養兵練兵之法。」他主張學習西方軍事技術，還主張學習西方國家先進的生產技術，發展本國的近代民族工業。他認識到，國防實力的加強必須依賴於本國民族工商業的迅速發展。魏源的愛國主義思想，還表現在一定程度上認識到群眾的偉大力量，主張利用民力，運用機動靈活的戰略戰術打擊外國侵略者。

魏源具有民本思想，重視下層群眾，認為皇帝是首腦，宰相是股肱，淨臣是喉舌，而民眾是鼻息，人不呼吸便要死亡，君主不了解民情便無法治理國家。他認為只有允許督吏、百工、庶人進言，君主才能集思廣益，眾賢才能聚於本朝。

魏源是一位中國近代史上比較系統地提出向西方學習的地主階級思想家、先進學者。他的思想順應了時代潮流，是資產階級改良派的著名先驅。

35 洪秀全的「平等」思想表現在哪裡？

洪秀全，中國近代思想家，太平天國運動的革命領袖。他借用西方基督教的旗號（他稱之為「皇上帝」）把基督教的博愛思想、中國古代儒家的大同思想，以及歷代農民革命「等貴賤，均貧富」的思想糅合在一起，宣傳了中國農民反對封建主義的剝削壓迫，爭取政治、經濟、民族和男女平等的革命民主主義思想。

他著重宣傳了農民要求政治平等的思想，指出在皇帝面前人人都是平等的，沒有高低貴賤之分，沒有君臣之別，廣大民眾和天子一樣，都是皇帝的子女，政治地位是平等的，這就打破了封建等級制度，否定了封建君主的特權，表現了洪秀全蔑視皇帝權威、反對封建君主專制制度、要求在政治上人人平等的樸素民主主義思想。

他把清朝統治者、地主豪紳和封建社會的統治思想視為妖魔鬼怪，主張盡快推翻消滅，把廣大民眾從封建專制制度的剝削壓榨下解放出來，建立一個人人平等、沒有階級剝削和壓迫的太平社會。

36 嚴復的政治思想有哪些？

嚴復，中國近代啟蒙思想家，資產階級維新派的重要代表。他主張變法維新，其政治思想主要有：

①宣傳西方的進化論，主張變法圖強。他以進化論的物競天擇、適者生存、優勝劣汰的理論為依據，結合中國的實際，指出中國已進

嚴　復

入嚴重危機時期。他認為處在世界劇變的形勢下，變法維新勢在必行，變則強，不變則亡。

②宣傳西方的自由民主思想，主張君主立憲。他根據西方天賦人權說，認為人的自由權利是天賦的，任何人不得侵犯，要講自由，不可不講平等，有平等才有自由之權，有了自由之權才能實現民主。中國是君貴民輕，君有權而民無權，要使中國由弱變強，必須實行君主立憲，使得人人得以自立。

③提倡西方資產階級新文化，反對中國封建主義舊文化。嚴復大力宣傳、介紹西方資產階級的新思想和新文化，抨擊中國封建主義的舊思想和舊文化。

嚴復的變法維新主張並不激進，但他所介紹的西方進化論卻為變法維新提供了理論武器，他把一批西方近代先進的思想文化成果介紹給國人，在當時起到了振聾發聵的作用，對近代資產階級民主革命產生了較大影響。

37 康有爲的政治主張是什麼？

康有為，中國近代啟蒙思想家，資產階級維新派政治家和領袖。他宣傳「公羊三世說」的進化論學說，認為人類社會由「據亂世」到「升平世」再到

康有為

「太平世」的發展過程，就是政治制度由君主專制到君主立憲制再到民主共和制的發展過程，從而論證其君主立憲制主張的合理性。

康有為在政治上主張改變國家政體，用資產階級君主立憲政體代替封建君主專制政體，實行立法、司法、行政三權分立。在經濟上，他繼承和發展了早期改良派的「商戰」思想，主張以商立國，發展資本主義，使中國富強起來。在文化教育上康有為主張「廢八股、興學校」。在人才的選拔和錄用上，他反對因循守舊，論資排輩，主張破格錄用。

他希望通過改良方法建立人類理想社會的最高等級「太平世」，即大同社會。這個社會在政治上實行真正的民主制度，在經濟上是一個沒有私有財產的公有制社會，一切土地、工商業都歸公有，並有高度發達的科學技術和生產力。

康有為的政治思想有一個比較完整的體系，他的變法維新綱領是愛國的、進步的，是十九世紀六十年代到九十年代改良主義思想發展的最高峰。

38 戊戌變法期間梁啓超的政治思想有哪些？

梁啟超，中國近代政治家、思想家。戊戌變法期間，他根據當時中國面臨的亡國滅種的嚴重局勢，論證變法的重要性。他認為學習西方變法圖強，實行君主立憲，是拯救民族危亡的唯一道

梁啟超

路，否則中國就不能獨立於優勝劣汰之世界。強調要從「育人才」和「變官制」入手，進行變法。他主張改革八股取士制度，採用西方的教育制度，普遍設立學校，提倡西方的科學知識和政治學說，為變法運動培養真正有用的人才。他要求改革吏制，根據才能大小委以官吏，淘汰腐朽官職，破格擢用維新人才，推動變法維新運動。

他認為必須改君主專制政體為君主立憲政體，宣傳資產階級民權思想。主張人們應當各盡其力，各得其利。任何人只要為國家盡了義務，就應當享有應得權利。為了興民權，他猛烈抨擊君主專制，認為君主專制是「橫暴混濁」的政體，專制帝王是「民賊」，號召人們去推翻封建專制統治，以實行民權。

在當時的歷史條件下，梁啟超的政治思想有一定的進步作用。他對封建專制主義的批判，對資產階級政治思想的宣傳，開闊了人們的眼界，引導人們去重新認識世界，在青年知識分子中影響很大。

39 譚嗣同的「仁學」有什麼特點？

譚嗣同，中國近代思想家，資產階級維新派激進的政治家。他強烈反對帝國主義侵略，反對清朝統治者的投降賣國政策，號召人們起來救亡圖存。

他還強調要反對帝國主義的經濟侵略。他認為，變法維新是救亡圖存、富強中國的必由之路，也是社會發展的必然趨勢。

譚嗣同激烈地批評了綱常名教封建倫理道德，提出了人與人關係的新道德規範「仁」。「仁以通為第一要義」，「通之象為平等」。他所說的通，一是指「上下通」，反對君主專制統治，實現資產階級民主政治；二是指「中外通」，即反對閉關自守，實現對外開放，貿易自由；三是指「男女通」，即反對男尊女卑，實現男女平等自由；四是指「人我通」，即反對封建等級制度，實現人人平等，給每個人充分活動的自由。

「衝決一切羅網」，反對一切封建束縛和壓迫，實行民主、自由、平等、博愛是譚嗣同政治思想的基本內容。他的激進的反封建思想在當時發揮了號角的作用，對後來的資產階級革命影響很大。

譚嗣同

40 孫中山的三民主義是如何發生轉變的？

孫中山，中國近代民主革命家、思想家。他的政治思想主要體現於他的三民主義中。他發起民主革命的根本原因是為了振興中華。他認為中國貧窮落後，面臨危亡的原因是帝國主義的侵略中國，腐敗的清政府無力抵禦外來侵略所致。因此，他主張首先推翻清朝專制統治，建立民主共和國制度，使中國擺脫帝國主義勢力的羈絆，以實現自由、獨立和富強。他主張用民權代替君權，以民主立憲政體代替君主專制政體，建立由全體國民掌握主權的國家。孫中山用「驅除韃虜，恢復中華，創立民國，平均地權」來概括他的政治主張，這就是三民主義，即民族主義、民權主義、民生主義的基本內容。

孫中山的三民主義思想與民主革命實踐緊密相連，並隨著民主革命發展過程而不斷發展。他的思想滲透了高度的愛國主義和戰鬥的民主主義精神。

孫中山手書「天下為公」

41 「修身治平」是什麼含義？

修身、齊家、治國、平天下是中國古代把政治倫理化的一種理論，語出《大學》：「古之欲明德於天下者，先治其國；欲治其國者，先齊其家；欲齊其家者，先修其身……身修而後家齊，家齊而後國治，國治而後天下平。自天子以至於庶人，一是皆以修身為本。」

所謂修身就是按照仁、義、禮、智、信、忠、恕、孝、悌之道進行個人修養，規範自己的言行。個人具備了合乎這些要求的修養，才能使家庭成為良好的家庭，使人人都具有孝、悌、慈的品德，能正確地事君、事長和使眾，從而形成「一家仁，一國興仁」的局面。《大學》特別強調統治者的模範作用，它認為若統治者帶頭實踐仁、義、禮、智、信、忠、恕、孝、悌之道，天下就太平了。

以個人修養為基礎的修身治平理論有兩種含義：一是從控制每一個人、每一個家庭出發，以達到強化封建統治的目的；一是告誡統治者要以身作則，推己及人，以實現天下太平的目的。該理論對後世產生了重大影響。

軍事篇

軍事篇

1 涿鹿之戰過程是怎樣的？

相傳中國遠古時代，黃帝、炎帝兩族聯合同蚩尤族進行了一次大規模戰爭。約四、五千年前，中國父系氏族社會時期，山西西南部的黃帝族與炎帝族相互融合，與蚩尤族一起都得到了發展。兩大部落聯盟為爭奪適於牧獵和農耕的地盤，在涿鹿之野展開長期爭戰。蚩尤族勇猛兇悍，擅長角抵，聯合巨人夸父部落與三苗部族，先驅逐了炎帝，後又乘勢北進涿鹿（在今河北境），攻擊黃帝族。傳說蚩尤率領所屬氏族，利用濃霧火氣圍困黃帝族。黃帝族率領以熊、羆、狼、豹等為圖騰的氏族，數戰不勝。後得到雲女族相助，吹號擊鼓，乘蚩尤族迷惑、震懾之際，衝破迷霧重圍，擊敗蚩尤，終於在中冀之野（即冀州，今河北地區）將其擒殺，取得戰爭的勝利，黃帝遂成為華夏族的共同祖先。

2 周武王滅商的決勝之役是什麼戰役？

中國商周之際，周武王率軍直搗商朝朝歌，在牧野大破商軍，滅了商朝，這次戰役被稱為牧野之戰。

殷周末年，以紂王為首的奴隸主統治集團日益腐敗，內外矛盾交織，逐漸走向崩潰，而崛起於商國西面的周族，暗中積蓄力量，積極爭取人民，奠定了滅商的基礎。

周武王繼位後，得知商紂王統治集團分崩離析，即率兵伐商，東進與八個方國部落軍隊及各反商諸侯軍會合。周武王利用商地人心歸周的有利形勢，率本部及八個方國部落軍隊繼續東進。商紂王驚聞周軍來襲，倉促武裝大批奴隸等開赴牧野迎戰。周軍布陣完畢，莊嚴誓師，史稱「牧誓」。武王在陣前聲討商紂罪行以激勵將士鬥志。商軍中的奴隸心向武王，紛紛倒向周軍。武王乘勢以主力猛烈突擊，商軍土崩瓦解。紂王倉皇逃回朝歌後，見大勢已去，登上鹿台自焚而死。周軍佔領商都，商朝滅亡。此役是中國古代初期的著名戰役。周爭取人心、乘虛進攻的謀略，對古代軍事思想的發展有著深遠的影響。

3 曹劌論戰中的「戰」指的是哪場戰役？

中國春秋初期，即位不久的齊桓公不聽主政大夫管仲內修政治、外結與國、待機而動的意見，於周莊王十三年（西元前六八四年）春發兵攻魯，企圖一舉征服魯國。魯莊公注意整修內政，取信於民，決心抵抗。深具謀略的魯國士人曹劌自告奮勇，請隨莊公出戰。魯軍根據齊強魯弱的形勢，在長勺迎擊齊軍。兩軍列陣畢，魯莊公欲先發制人，被曹劌勸止。齊軍見魯兵按兵不動，便一而再、再而三地發動衝擊，均未奏效。齊軍疲憊，士氣沮喪。魯軍陣勢穩固，鬥志高昂。曹劌見戰場形勢已呈現「彼竭我盈」的有利變化，建議莊公實施反擊。魯軍將士一鼓作氣，擊潰齊軍。莊公急於追擊，曹劌恐齊軍佯敗設伏，即下車察看齊軍車轍痕跡，又登車眺望齊軍旌旗，發現轍亂旗靡，判明齊軍確敗，方建議乘勝追擊，終將齊軍逐出魯境。此戰在中國古代戰爭史中，以後發制人、敵疲再打的防禦原則取勝而著稱。

4 城濮之戰體現了什麼軍事思想？

周襄王二十年（西元前六三二年），晉、楚兩國為爭奪中原霸權在城濮地區進行了一次決戰——城濮之戰。

春秋時期，齊國霸業日衰，楚、晉趁機向中原擴展勢力，兩國利益發生了直接衝突。晉國以應宋國求援為由，出師中原，力圖霸業。晉文公鑒於楚聯軍勢大，晉軍孤軍作戰，勞師遠征，決定先攻取弱國，又運用戰略，加深齊、秦與楚的矛盾，促成齊、秦、晉聯合攻楚的局面，楚國不顧情勢變化，要挾於晉，楚子玉北上攻晉。晉文公為爭取主動，令晉軍向衛地後撤九十里，既履行流亡楚時曾許下「避君三舍」的諾言，又避開楚軍鋒芒，向齊秦兩軍靠攏。

四月初一，晉齊秦宋聯軍退至城濮，於附近地域布陣，雙方展開決戰。晉國聯軍先擊潰了戰鬥力較弱的楚國聯軍兩翼，然後再集中優勢把楚國中軍主力擊潰。晉文公於戰後得到周襄王策命，一躍而為中原霸主。

此戰中，晉軍「退避三舍」、後發制人、勝弱勝強、各個擊破的作戰思想和成功的外交配合，豐富和發展了中國古代的軍事思想。

5「圍魏救趙」戰法是在哪次戰役中體現出來的？

「圍魏救趙」戰術體現在桂陵之戰中，這是在戰國時期，齊軍深入魏地，迫使攻趙魏軍回救，而將其殲滅於桂陵的一次著名戰役。

魏國遷都大梁，與齊爭雄中原。齊威王竭力拉攏韓、趙兩國，與魏國對抗。趙國在齊國支援下，迫使歸服於魏的衛國向趙屈服。魏派將軍龐涓率兵攻衛伐趙，圍困趙都邯鄲。次年，趙向齊求救，齊以田忌為主將，孫臏為軍師，發兵救趙。孫臏認為，魏國長期攻趙，主力消耗於外，老弱疲憊於內，齊軍應乘魏國內務空虛，直趨大梁，迫使魏軍回師自救，於歸途截擊。

田忌以一部分兵力圍攻魏邑襄陵，表示齊軍已攻魏救趙，而主力大軍進至魏軍事重地平陵附近，使魏軍產生齊軍指揮無能的錯覺。

齊軍派小部分兵力攻平陵，兵敗，更使龐涓認為齊軍戰鬥力弱。待邯鄲城破，魏軍實力大損。孫臏在魏軍回師路上桂陵處設伏，截擊魏軍，魏軍倉皇應戰，終於慘敗。

6 孫臏指揮的馬陵之戰有何戰術特點？

馬陵之戰是戰國時期，齊軍在馬陵殲滅魏軍的著名伏擊戰。

周顯王二十七年（西元前三四二年），齊威王以田忌為主將，孫臏為軍師，運用「圍魏救趙」戰術，率軍直趨魏都大梁，誘使魏軍回救，以解韓國之困。魏果然撤軍回大梁，迎擊齊軍。孫臏認為，魏軍悍勇，不可貿然決戰，只可利用魏軍向來輕視齊軍和龐涓求勝心切的弱點，乃避戰示弱，退後減灶，引誘魏軍追擊。龐涓果然率兵緊追，見齊軍逐日減灶，以為齊軍士氣低落，逃亡嚴重，即丟下步兵，以輕兵銳騎兼程追擊。齊軍退至樹木茂密、道狹地險的馬陵，引軍埋伏。經長途追擊而疲憊不堪的魏軍，在孫臏預計時間進入設伏地域後，齊軍萬弩齊發，魏軍大敗，龐涓憤愧自殺。齊軍乘勝進攻，全殲魏軍。

孫臏利用龐涓的弱點，製造假象，誘其就範，始終居於主動地位，此戰是中國戰爭史上設伏殲敵的著名戰例。

7 中國古代軍事學的奠基人是誰？

孫武作為中國古代軍事學的奠基人，對後世產生了廣泛而深刻的影響。

孫武是春秋末期吳國將軍，齊國東安人，後因齊國內亂，出奔吳國，向吳王闔閭進呈所著兵法十三篇，被重用為將。吳楚爭奪霸權，長期戰於江淮。周敬王十四年（西元前五〇六年），孫武輔助吳王乘楚國兵疲鬆懈之機，一舉攻入楚都郢，楚國因而喪失爭霸力量。吳國「西破強楚，北威齊、晉，南服楚人」，以一隅之地而稱霸，孫武起了重要作用。

《孫子兵法》產生於戰爭頻繁、社會大變革時代，它總結了春秋末期及其以前的戰爭經驗，在中國和世界軍事史上最早比較系統地涉及戰爭的全局問題，首次揭示了「知

孫　武

彼知己，百戰不殆」這一指導戰爭的普遍規律，總結了若干至今仍有科學價值的作戰指導原則，是不朽的軍事名著。

8 孫臏是怎樣的一位軍事人物？

孫臏是中國戰國中期軍事家，真名已不可考，齊國人，孫武後裔，曾與龐涓師從鬼谷子學習兵法。

龐涓為魏惠王將軍，因妒忌孫臏才能，生怕其超越自己而使自己失寵，遂將其騙至魏國，施以臏刑（割去膝蓋骨），故稱孫臏。後為齊使者秘密帶回齊國，經將軍田忌舉薦，被齊威王重用為軍師。在齊魏爭雄具有決定意義的桂陵之戰、馬陵之戰中，孫臏與田忌指揮齊軍兩次擊敗魏軍，迫龐涓自殺，使齊國成為強國之一。他在作戰中運用避實擊虛、攻其必救的

孫　臏

原則，創造了著名的「圍魏救趙」戰法，為古往今來兵家所效法。孫臏及其弟子所撰《孫臏兵法》繼承了孫武的軍事思想，總結了戰國中期以前的戰爭經驗，具有鮮明的時代特色，給後世留下了寶貴的軍事理論遺產。

9 長平之戰是一場怎樣的戰役？

長平之戰發生在戰國後期，是秦軍在長平圍攻趙國重兵的大規模殲滅戰。

周赧王五十五年（西元前二六〇年），秦軍遠離國土作戰，企圖速戰速決，奪下趙國。開始即猛攻趙國，廉頗初戰失利，固守不戰。秦不能速勝，遂派人持重金入趙離間，揚言廉頗不足為慮，且將投降，秦只擔心名將趙奢之子趙括為將，於是趙國聽信傳言，令趙括代廉頗為將。

趙括急於求勝，一到長平，即改變部署，與秦軍決戰。秦主將白起利用趙括只善於紙上談兵而缺乏實戰經驗和驕傲輕敵的弱點，交戰時佯敗而退，趙括率軍追至秦軍營壘。秦軍以重兵堅守，再以兵力切斷趙括退路，將趙軍四面包圍，秦軍堵截援軍，斷其糧道。前來救趙的齊、楚軍見勢不妙，觀望不前。趙括分兵四隊，輪番突圍未成，遂親率精兵搏戰，被秦軍射死。趙括萬眾餘部投降，史傳被白起盡數坑殺。

長平一戰，趙國實力大損，該戰役反映了戰國後期野戰指揮藝術發展的新水準。

10 白起有哪些軍事策略？

白起是戰國後期名將、軍事家。周赧王二十二年（西元前293年），白起用避實就虛、先弱後強的戰術，全殲韓、魏聯軍二十四萬，此後三十餘載，馳騁於韓、趙、魏、楚等國，屢戰屢勝，攻取七十餘城。三十六年（西元前二七九年），白起乘楚國防備鬆懈，率軍數萬，深入楚地，大破楚軍。四十二年（西元前二七三年），趙魏聯軍攻韓，白起率軍救韓，急行八日，不失戰機，斬魏軍十三萬，將趙軍二萬驅入河中淹死。五十五年（西元前二六〇年），秦趙長平之戰，白起誘趙主將趙括率軍脫離有利陣地，予以分割包圍，待其饑疲交迫，一舉殲滅，史傳他坑殺降卒四十萬。白起欲乘勝滅趙，因遭相國范睢妒忌而未成。

白　起

後來，秦昭王多次強令白起率軍攻趙，白起深知形勢已發生有利於趙的變化，攻趙必敗，拒不受命，以至激怒秦昭王，被迫自殺。白起戎馬一生，勇謀兼備，長於野戰進攻，料敵用兵，戰必求殲，為秦國統一大業立下卓著功勛，後世多稱讚其巧妙用兵，而譏評其殺戮無度。

11 廉頗與藺相如的「將相和」是怎樣一回事？

廉頗是戰國後期趙國名將，生卒年不詳。周赧王三十二年（西元前二八三年），廉頗率軍攻齊獲勝，趙惠文王封其為上將，故居功自傲，對出身低微、資歷甚淺的藺相如位居己上不服，後知藺相如顧全大局，確有相才，遂負荊請罪，結成生死之交，史稱「將相和」。他們協力抗秦及其相交故事傳為美談。

廉頗為將剛勇，用兵持重，多次率軍擊敗齊、魏等國。周赧王五十五年（西元前二六〇年），秦趙長平之戰，廉頗為趙軍主將，交戰失利後，鑒於秦軍勢盛，但遠離國土，不能久戰，即固壘堅守，阻止了秦軍的進攻。後趙孝成王中秦離間計，以趙括代廉頗為主將，改變廉頗戰法，終致趙軍慘敗。趙孝成王十五年（西元前

負荊請罪

二五一年），廉頗率軍擊敗攻趙的燕軍，受封信平君，攝行相國職。趙悼襄王時，廉頗不得志，出奔魏都大梁。後趙國屢遭秦軍攻擊，擬再任廉頗為將抗秦。

廉頗亦急欲為國效力，但因權臣作梗，未能遂願。後居楚，憂慮而亡。

12 李牧作爲名將有何戰績？

李牧是戰國末年趙國名將。趙孝成王時，長期駐守趙北部邊境防備匈奴。先是堅壁自守，數年不戰，示弱以麻痹匈奴，同時積糧練兵，厚待士卒，養精蓄銳，待時機成熟，誘匈奴主力來攻，布陣設伏，兩翼包抄，殲匈奴十萬餘騎，聲威大震，使匈奴不敢再犯。此後，李牧繼廉頗、趙奢成為趙國的主要統兵將領。趙遷王二年（西元前二三四年），趙國遭秦進攻，喪師十萬，形勢危急。此時，李牧被任為大將軍，率兵與秦軍激戰於宣安，大敗秦軍，受封武安君。四年（西元前二三二年），秦軍進攻番吾，畏李牧而退。七年

李　牧

（西元前二二三年），秦將王翦等分南北兩路大舉攻趙，李牧與司馬尚率兵抗禦，秦軍受阻。秦因兩次攻趙均被李牧等所敗，乃以重金賄賂趙王寵臣郭開、韓崙，使其誣告李牧等謀反。趙王聽信讒言，逼李牧自盡，解除司馬尚職權。五個月後，趙都邯鄲即為秦軍所破。

13 中國歷史上第一次大規模的農民起義是什麼？

陳勝、吳廣起義戰爭發生於秦朝末年，是中國歷史上第一次大規模農民起義戰爭。

秦王朝時，階級矛盾迅速激化。秦二世元年（西元前二〇九年），陳勝、吳廣率九百名戍卒赴漁陽戍邊，因遇雨，懼誤期被斬，遂在蘄縣大澤鄉起義。起義軍迅速發展到數萬人，在陳縣建立「張楚」政權，陳勝稱王，這是中國歷史上第一個農民革命政權。隨後各地農民揭竿而起，紛紛回應。六國舊貴族也乘機起兵反秦。開始時，起義軍連連告捷，勢力迅速擴展壯大。秦廷大震，組織軍隊迎戰。吳廣在秦軍壓境時因內訌被殺。最後秦攻到陳縣，陳勝親自督戰，終未能挽回敗局，起義失敗。

陳勝、吳廣起義軍興起迅速，組織鬆散，缺乏作戰經驗，尤其是沒有及早集中兵力與秦軍決戰，以致被秦軍各個擊破。但這次農民起義沉重打擊了秦王朝的殘暴統治，為以後項羽、劉邦滅秦創造了條件。

14 西楚霸王項羽生平有什麼事蹟？

項羽是中國秦漢之際反秦起義軍首領和軍事統帥，名籍，字羽，楚國將門後裔。秦二世元年（西元前二〇九年），隨叔父項梁在吳中起兵反秦。次年九月，在巨鹿之戰中率楚軍主力救趙，渡漳河後破釜沉舟，奮力死戰，大破秦軍，加速了秦王朝的滅亡。秦亡後，項羽自立為西楚霸王，分封十八諸侯，造成割據局面，加之燒殺擄掠，喪失人心，諸侯紛紛叛離。後漢王劉邦乘項羽率楚軍主力北上擊齊之機，率五十六萬諸侯聯軍攻楚。項羽隨即率數萬精兵遠道奔楚，大敗聯軍，幾乎生擒劉邦。此後，在長達三年的楚漢征戰之中，項羽雖幾次擊敗劉邦，陷漢軍於困境，但終因不度大勢，不善用人，缺乏全面謀略，被動應付，以致兵疲糧斷，喪盡優勢，後被漢軍圍困於垓下。項羽決戰失利，自刎於烏江。

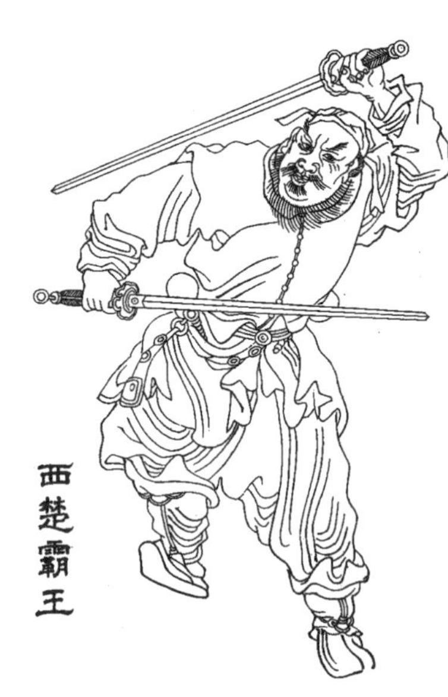

項　羽

15 韓信生平事蹟有哪些？

韓信，漢初軍事家，淮陰人。陳勝、吳廣起義後，韓信始投項梁，繼隨項羽，後從劉邦。漢王元年（西元前二〇六年），經丞相蕭何力薦，封為帥。楚漢戰爭期間，韓信率兵數萬，開闢北方戰場。在破魏之戰中，他針對魏軍部署，扮作正面渡河之勢，暗從側後偷襲，攻其不備，俘獲魏王豹。井陘之戰，背水為陣，使將士死地求生，奮起力戰，大破趙軍。濰水之戰，借助河水，分割楚軍，將齊、楚聯軍各個擊滅。四年（西元前二〇三年）二月，被封為齊王。參與指揮垓下決戰，擊滅楚軍。

韓信熟諳兵法，戰功卓著，為漢王朝的創建做出了重要貢獻。其用兵之道，為後世兵家所推崇。劉邦雖用韓信而心存疑忌，故在項羽兵敗之後，即奪其兵權，徙為楚王，繼又黜為淮陰侯。呂后知劉邦疑忌韓信，乃誘韓信以謀反罪名殺之。

韓　信

16「不教胡馬度陰山」的「飛將」指誰？

「不教胡馬度陰山」的「飛將」指的是李廣。他是中國西漢名將，漢文帝十四年（西元前166年）從軍擊匈奴，因功被封為中郎。景帝時，先後駐北部邊城七郡太守。武帝即位，召為未央宮衛尉。漢元光六年（西元前一二九年），任驍騎將軍，領兵萬餘騎出雁門擊匈奴，因眾寡懸殊負傷被俘。匈奴兵將其置臥於兩馬間，李廣佯死，於途中趨隙躍起，奪馬逃回。後任右北平郡太守。匈奴畏服，稱之為「飛將軍」，數年不敢來犯。漢元封二年（西元前一〇九年），李廣率四千騎出擊匈奴，被四萬騎圍困，李廣毫無懼色，率部激戰。士卒傷亡過半，騎矢將盡，李廣仍沉著鎮靜，親用騎駑射殺匈奴將領數人。後援兵至，匈奴敗走。漢元封四年（西元前一〇七年），漠北之戰中，李廣任前將軍，從大將軍衛青出塞，受命迂迴匈奴單於側翼，因迷失道路，未能勝，憤愧自殺。李廣前後與匈奴作七十餘戰，以驍勇善騎射著稱。

李　廣

17 衛青的卓著戰功有哪些？

衛青，中國西漢名將，字仲卿。少時為平陽侯曹壽家奴，善騎射，有勇力。因其姐衛子夫受漢武帝寵愛，被召入朝。漢與匈奴之間大規模戰爭爆發後，於西元前一三〇年任車騎將軍。西元前一二七年春，率軍以迂迴包圍戰法，擊敗匈奴兩部，殲數千人，後率軍奔襲匈奴右賢王部，乘夜突然襲擊，殲十五萬人，升任大將軍。接著兩次出擊漠南，殲敵近二萬人，迫匈奴徙漠北。後與霍去病各率五萬騎越過大漠進擊匈奴，他以正面鉗制、兩翼包圍的戰法，殲匈奴近二萬人，後升任大司馬。衛青治軍號令嚴明，指揮靈活果斷，作戰常奮勇當先，為人守法盡職，且兼有皇戚關係，深受武帝重用。

18 霍去病的軍事功績表現在哪些方面？

霍去病，西漢青年名將，河東平陽人，善騎射。西元前一二八年，十八歲的霍去病被漢武帝任為校尉，隨衛青擊匈奴於漠南。他率八百騎遠離主力數百里，殲匈奴二千餘人，受封冠軍侯。西元前一二一年任驃騎將軍，於春、夏兩次率兵出擊佔據河西（今河西走廊及湟水流域）的匈奴部，殲敵千餘人。同年秋，奉命迎接率眾降漢的匈奴渾邪王，在部分降眾變亂的緊要關頭，他率部馳入匈奴軍中，斬除變亂者，穩定了局勢，渾邪王得以率四萬餘眾歸漢。

從此，漢朝控制了河西地區，打通了西域道路。西元前一一九年，與衛青各率五萬騎過大漠進擊匈奴。霍去病擊敗左賢王部後，乘勝追擊，深入二千餘里，殲七萬餘人。後升任大司馬，與衛青同掌兵權。他用兵靈活，注重方略，不拘古法，勇猛果斷，每戰皆勝，深得武帝信任。

後病卒，僅二十一歲。

19 曹操是大奸雄嗎？

曹操，中國漢魏之際軍事家、政治家和文學家，字孟德，官至丞相，封為魏王。

東漢末期，董卓專權，曹操拒絕董卓拉攏，聚兵五千對抗，次年參加討董聯軍。十餘萬聯軍觀望不前，曹操孤軍奮進，戰敗而還，遂決意發展自己的力量。他先是誘降青州黃巾軍三十餘萬，選其精銳，編為「青州兵」，成為他後來統一北方的骨幹力量。接著採納荀彧「深根固本以制天下」的謀略，鞏固了兗州地盤。參與朝政，「挾天子以令諸侯」，運用分化瓦解、各個擊破的策略，相繼擊敗張繡，擒殺呂布，困死袁術，趕走劉備，為統一中原奠定了基礎。在官渡之戰中，曹操揮師擊敗袁紹軍隊，統一了中國北方大部。揮師南下時，由於當時瘟疫流行，曹軍不習水戰，以致敗於孫權、劉備之手，被迫退回北方。

曹操深謀遠慮，雄才大略。他實行屯田，發展生產，豐足軍用，減輕了民眾負擔。他利用漢室影響，爭取人心，擴充實力，為進行統一戰爭取得了政治上的有利地位。曹操治軍嚴整，馭眾有方，長於選將，有治國用兵才能者，均予重用。他好兵法，善韜略，是一位出色的政治家、軍事家。

20 官渡之戰是怎樣的一場以少勝多的著名戰例？

袁紹興師南攻曹操，兩軍於官渡展開水戰，時袁紹兵數遠多於曹操。曹操利用聲東擊西之計，初戰告捷。後袁紹集中優勢兵力迫曹軍決戰，曹操退至官渡防守。袁紹軍隊多次攻擊，曹軍頑強抵禦，不久獲得後方補給後，出奇兵襲燒袁紹糧車，迫袁紹分兵護送糧秣。

十月份，袁紹屯糧車萬餘輛於烏巢。監軍以烏巢屯糧至關重要，建議增兵守護。謀臣許攸建議分兵襲許，再次遭拒絕。許攸素與袁紹不和，加之其家眷犯法下獄，憤而降曹，並獻計偷襲焚燒屯糧。袁紹知烏巢被襲，仍拒給部將張郁的主力增援，僅遣輕騎往救，並親率主力進攻曹營，致烏巢失守，軍心動搖，內訌迭起，慘敗於曹操。

官渡之戰中，曹操利用袁紹恃強驕傲、不善用人、疏於籌策的特點，後發制人，攻守相濟，把握戰機，出奇制勝，成為中國古代戰爭史上以少勝多的著名戰例。

21 司馬懿是如何奠定以晉代魏基礎的？

司馬懿，三國時期軍事家、政治家，字仲達，河南人，出身士族，二十三歲入仕，後任軍司馬。東漢建安二十四年（二一九年）向曹操獻計，誘使東吳出兵襲取江陵，解襄陽、樊城之圍。

曹丕稱帝後，司馬懿升為丞相長史、撫軍大將軍。魏太和元年（二二七年）十二月，受命平新城太守孟達的反叛，他率軍八天疾進千餘里，克上庸，斬孟達。五年（二三一年）至魏青龍二年（二三四年），統兵抗蜀，據險堅守，以逸待勞，使諸葛亮虛耗國力，師勞功微。不久升太尉。魏景初二年（二三八年），率軍四萬進攻叛魏的遼東太公公孫淵，先出奇兵於遼遂南牽制其主力，自率軍突然北向，搶渡遼水，進圍公孫淵於襄平，待其糧兵盡疲，一舉克城，斬公孫淵父子，遼東四郡遂定。魏嘉平元年（二四九年）正月，司馬懿謀殺與其共輔曹芳的大將軍曹爽，獨攬朝政。三年（二五一年），擊敗對抗司馬氏的太尉王凌，奠定了以晉代魏的基礎。他智勇兼備，其用兵有「兵動若神，謀無再計」之譽。

司馬懿

22 諸葛亮如何爲蜀鞠躬盡瘁？

諸葛亮，三國時期軍事家、政治家，字孔明。東漢建安十二年（二〇七年），屯兵新野的劉備圖謀發展，三顧茅廬，向諸葛亮求教。諸葛亮亦傾心籌謀，提出了著名的隆中對策：先佔荊益，和撫邊裔，內修政治，外結孫權，待時機成熟，分兵兩路，令得力將領從荊州取宛、洛，主力出益關攻秦川，進圖中原，以成霸業。諸葛亮輔佐劉備父子，運籌帷幄，統軍征戰，鞠躬盡瘁。

東漢建安十三年（二〇八年）秋，曹操率軍進逼荊州，諸葛亮勸說孫權與劉備聯盟，並大敗曹操於赤壁。後攻下成都，劉備稱帝，諸葛亮任丞相。

劉備亡後，諸葛亮輔佐後主劉禪，進軍南中，使蜀漢後方得以穩定。他為實現隆中對策，多次出師攻魏，然而師勞功微，積勞成疾，卒於五丈原。

諸葛亮以擅長謀略著稱。《隆中對》是其畢生事業的出發點，蜀漢政治、軍事行動的總方略，影響到整個三國時期。他善於治軍，用兵謹慎，推演陣法，作「八陣圖」，為後世傳揚。

諸葛亮

23 三國時期吳國奠基者是誰？

孫策，東漢末年名將，三國時期吳國奠基者，字伯符，吳郡富春人。早年廣交江淮豪士，後倚袁術，率其父孫堅（袁術部將）舊部千餘人進軍江東，沿途禁止搶劫，依靠士族，勢力不斷壯大。漢興平二年（一九五年），擊敗揚州刺史劉繇諸部，佔據江東。次年，率軍南攻會稽，為太守王朗阻於固陵，數次攻城不克，遂改變戰術，乘夜多置火炬佯攻，分兵迂迴側後。王朗大敗，由海上至東冶。孫策率軍追擊，破東冶，降王朝，佔據會稽。東漢建安三年（一九八年），孫策棄絕袁術，被曹操封為吳侯，隨即向長江南北發展。後攻佔丹陽，智取皖城，西佔荊州江夏，乘勝揮師南取豫章，開拓了東吳疆域。五年，孫策乘官渡之戰，籌謀渡江北進，在丹徒遇刺，臨終前囑弟孫權繼承其業。

孫　策

24 赤壁之戰概況是怎樣的？

赤壁之戰是東漢建安十三年（二〇八年），孫權、劉備聯軍在長江赤壁一帶，大敗曹操軍隊的一次著名戰役。

曹操揮師南下，欲滅劉備、孫權，以統一天下。周瑜、魯肅、諸葛亮等精闢分析局勢，指出曹軍弱點，致使孫權與劉備結盟抗曹，集合聯軍約五萬人迎擊曹軍。曹軍受阻於赤壁，不善水戰，又值疾疫流行，戰鬥力大減，初戰受挫，被迫退而隔江與聯軍對峙。曹操下令將戰船首尾相連，結為一體，以利演練水軍。

聯軍求戰不得，周瑜採納部將黃蓋所獻火攻計，並令其致書曹操詐降，以出奇制勝。曹操自信穩操勝券，戒備鬆懈。黃蓋擇時率船滿載薪草，疾駛曹軍水寨，待船逼近曹軍，下令點燃薪草，火船乘風闖入曹軍船陣，頓時一片火海，曹軍死傷慘重，周瑜等率軍乘勢衝殺，曹軍潰敗。

赤壁決戰中，曹操輕敵自負，終致戰敗。孫劉聯合，揚水戰之長，巧用火攻，終以弱勝強，為三國鼎立奠定了基礎。

25 前秦經歷了怎樣一個由盛而衰的過程？

苻堅，十六國時期的前秦國王，軍事統帥，字永固，在位二十八年。初為東海王，後自立。在以王猛為相期間，重用賢才，抑制豪強，興修水利，勸課農桑，於是國富兵強。

苻堅從前秦建元六年（三七〇年）起，先後派兵擊滅前燕、前涼、代國，奪取東晉梁、益兩州；十九年（三八三年），進軍西域，結束了黃河流域長期動亂分裂的局面。他能征善戰，即王位後，仍常率軍出戰。擅長謀略，恩威並重，用兵和攻心兼施，對弱小者，主張先撫諭，徵其租稅，如有違抗，再行征討。王猛死後，前秦逐漸腐敗。苻堅因勝而驕，不顧皇室和群臣的勸阻，於十九年（三八三年）調集九十多萬兵力，進攻東晉。由於民心不順，將士厭戰，加之指揮失策，導致秦軍在淝水之戰中大敗。原來被前秦控制的一些少數民族首領趁機起兵自立，前秦隨之瓦解。不久，苻堅為羌族首領所殺。

26 謝玄治軍有何突出之處？

謝玄，東晉名將，字幼度，陳郡陽復人，宰相謝安的侄子。二十一歲時為大司馬桓溫的部將，後官至都督，徐、兗、青、司、冀、幽、並七州諸軍師。有經國才略，善於治軍。東晉太元二年（三七七年），為抵禦前秦襲擾，經謝安舉薦為建武將軍、兗州刺史，領廣陵相，監江北諸軍事。他招募北來民眾中的驍勇之士，組建訓練一支精銳部隊，號為「北府兵」。四年（三七九年），率兵在盱眙、淮陰和君川等地擊敗前秦軍的進攻，晉號冠軍將軍，加領徐州刺史。八年（三八三年），在淝水之戰中，任前鋒都督，先遣部將劉牢之率部夜襲洛澗，首戰告捷；繼而抓住戰機，在秦軍後撤之際，乘勢猛攻，取得了以少勝多的巨大戰果。九年（三八四年），率兵為前鋒，乘勝挺進中原，先後收復了今河南、山東、陝西南部等地區。十二年（三八七年），因病改任左將軍、會稽內史，翌年逝世。

謝　玄

27 淝水之戰過程如何？

前秦統一北方後，調集九十多萬兵力，對晉發動了大規模的進攻。面對前秦軍的進攻，東晉內部一致主張抵抗，謝玄、謝石主張抗擊秦軍。

十月，秦攻下壽陽。謝石等見秦軍勢大，畏而不進。晉胡彬部被秦苻融軍所困，派人向謝石求援，被秦軍截獲。苻融報告苻堅：晉兵少而易擒，請令後續部隊加速進行，苻堅恐謝石等逃去，不等大軍到齊，即親臨前線督戰。謝石採納建議，趁秦軍尚未集中，迅速擊敗其前鋒，主動進攻。

十一月，謝玄率兵襲擊秦，秦兵損失十五萬人。兵力處於劣勢的晉軍首戰告捷，士氣大振，直逼淝水東岸。苻堅登壽陽城，見晉布軍嚴整，又望八公山上草木，以為皆是晉兵，始有懼色。謝玄派人前往秦營，要求秦軍由淝水西岸略向後撤，以便晉軍渡水決戰。苻堅將計就計，主張待晉軍半渡時，施以突襲，於是下令稍退。但秦軍一退不可復止，後軍以為前軍敗退，頓時大亂，晉軍趁機搶渡淝水猛攻，取得大勝。

淝水之戰是東晉十六國時期南北之間一次大規模的戰爭，成為中國戰爭史上的以少勝多的著名戰例之一。

淝水之戰圖

28 郭子儀的戰功有哪些？

郭子儀，唐朝名將。唐天寶十四年（七五五年），安祿山叛亂，郭子儀擊敗安祿山部將高秀岩，收復常山等地，以深溝高壘，敵來則守、敵去則追的戰法，多次擊敗史思明部。他率領的五萬精兵，成為唐軍平安史之亂的重要力量。他以回紇兵迂迴抄襲，擊潰叛軍主力。唐廣德元年（七六三年），吐蕃、回紇進犯，在兩大軍壓境之際，他說服回紇反戈，大敗十萬吐蕃軍，穩定了關中局勢。

郭子儀精於謀略，用兵持重，治軍寬嚴得當，深為部下敬服。

郭子儀富於政治遠見，曾提出削減冗官、選賢任能和輕役薄賦的政治主張，並注意與少數民族修好，善待回紇，以取得其對唐的支援。他為官四朝，忠於職守，對鞏固唐朝的封建統治起了重要作用。

郭子儀

29 岳飛的軍事才能在郾城之戰中是如何體現的？

中原被金軍佔領後，岳飛趁有利之機向中原發動反攻，連克郾城、潁昌等地，切斷了金軍東西聯繫，直接威脅金軍都元帥完顏宗弼所在地開封。宗弼為扭轉劣勢，親率十五萬餘人突襲岳飛駐地郾城。岳飛首先令其子岳雲率騎兵衝擊，牽制打亂金軍陣勢，繼以步卒從側翼攻擊，取得了勝利。

郾城之戰後，岳飛為尋找戰機殲金軍主力，遂調整部署，命統制張寬由陳州進駐臨潁，派其子岳雲率部援潁昌，以增強前鋒兵力。宗弼傾其全力進攻臨潁。在臨潁一戰中，宋軍殺金軍統軍使以下將士五千餘人，俘二千餘人，宋軍大勝。

郾城、潁昌一戰，是在平原上進行的較大規模的步騎交戰。岳飛能適時掌握對方作戰企圖，針對金軍騎兵多而強的特點，發揮己方士氣旺盛、軍隊訓練有素的長處，巧妙使用兵力，重創金兵主力，屢戰屢勝。

30 「岳家軍」的統領是誰？

岳飛，南宋軍事家，字鵬舉，湯陰人。少時習武，喜讀兵書戰策。後投軍抗金，屢建戰功。

一一二九年，金將完顏宗弼渡江南進，岳飛率軍多次夜襲金營，偵知金軍欲撤離建康，遂揮師追擊，大敗金軍，收復建康。

一一三四年，岳飛鎮壓了洞庭湖地區的楊么農民起義軍。第二年，一反宋軍歷行防禦的常法，舉兵奇襲劉豫兵，取得重大勝利。

一一四〇年，完顏宗弼毀約南進。岳飛遣將聯結北方義軍，襲擾金軍後方，自率主力北上，在民眾的配合下，充分發揮士氣旺盛、訓練有素等有利條件，在郾城、潁昌之戰中大破金軍精騎，擊敗金軍主力。

正當岳飛行將渡河時，高宗、秦檜卻向金乞和，詔令各路宋軍回師，使岳飛收復中原的計劃功敗垂成。次年，被解除兵權。十二月二十九日，被高宗、秦檜以「莫須有」的罪名殺害。

岳飛富韜略，善用兵，博採眾謀，團結民眾。他作戰指揮機智靈活，不拘常法。強調運用之妙存乎一心。他嚴於治軍，重視選將，賞罰分明，愛護士卒，其軍被譽為「岳家軍」。金軍都嘆服：「撼山易，撼岳家軍難！」

31 成吉思汗的征戰史有哪些？

成吉思汗，即元太祖，名鐵木真，蒙古國建立者，軍事家、政治家。

鐵木真生於戰亂環境，這使他養成堅毅、倔強的性格。他在各部落趨向統一的歷史潮流中起兵征戰。一二〇六年，建立了蒙古國，被尊為成吉思汗。

他稱汗後，建立軍政合一的統治機構，注重吸收中原的先進技術，組建炮軍，改進兵器，增強蒙古軍的攻堅和遠征能力。一二一八年，籌劃西征，先派兵攻滅西遼，次年擊敗花拉子模軍，其兵鋒直抵今西藏和歐洲東南部。一二二六年，復攻西夏，殲滅西夏軍主力。

成吉思汗戎馬生涯四十餘年，依靠游牧民族的騎兵優勢，發揮個人雄才大略，創造了巨大的業績。他善於治軍，堅持以才能、戰功和忠誠為標準選將用人，不僅依靠其親自培養的將領、謀士，還重用忠心效力的降將。他創建和統率的蒙古軍訓練有素，紀律森嚴，既善野戰，又能攻堅。在戰法上，避實就虛，迂迴突襲，長於在野戰中殲敵。其指揮藝術和治軍之道，在同代人中無與倫比，對後世亦有重大影響。

32 元朝建國者是誰？

忽必烈，即元世祖，是元朝的建立者，軍事家、政治家，成吉思汗之孫。

一二五一年，忽必烈受命掌管漠南漢地軍國事務，在改革弊政、整頓軍紀方面成績卓著。一二五二年至一二五四年，忽必烈率軍十萬遠端奔襲，攻滅大理國，為後來大舉攻宋創造了條件。

元世祖忽必烈

一二五九年，蒙古軍攻打南宋，忽必烈連克宋師，大破宋軍水師，後聞阿里不哥企圖爭奪汗位，遂迫南宋議和，撤兵北還。次年，繼蒙古大汗位。一二七一年，定國號為元。他多次率軍征討內叛，鞏固了政權，後兵分三路，水陸並進，直取臨安，於一二七六年迫宋廷投降，接著又遣軍追殲宋軍殘部，統一全國。隨後，曾多次對外用兵，但多遭失利。忽必烈的軍事思想在中國戰爭史上有較大影響。

33 明朝開國皇帝是誰？

朱元璋，明朝開國皇帝，元末農民起義軍首領，軍事家、政治家，字國瑞，鳳陽人，貧苦農民出身，少時為僧。朱元璋統領郭子興領導的軍隊，渡長江，克太平、溧陽等地。敗元軍後，佔集慶，改名應天，並以此為中心建立根據地。後諸將擁他為吳國公。之後，他採納儒士朱升「高築牆，廣積糧，緩稱王」的建議，逐步壯大實力。他同張士誠、陳友諒兩大勢力交鋒，先集中力量消滅了陳友諒軍，然後移兵東向，消滅了張士誠軍。同年，北上滅元，制定了先取山東、旋師河南、後進兵元都的作戰方略，並命大將軍徐達率師北征。次年，朱元璋即帝位，國號明。後推翻元朝，隨後，發兵滅夏蜀，取雲南，平遼東，逐步統一了中國。朱元璋胸懷韜略，深謀遠慮，治軍嚴明，持重用兵。他注重招納謀士，廣採眾議，運籌帷幄，決勝千里。主張寓兵於農，且耕且戰，始終保持一支強大的武裝力量。他的軍事思想對後世有很大的影響。

34 創立明朝的第一功臣是誰？

徐達，明朝開國軍事統帥，字天德，鳳陽人。元至正十三年（一三五三），參加農民起義軍，因智勇超群，位在諸將之上。十五年，從朱元璋渡長江，取太平，克集慶。繼又率部攻佔鎮江等地，為開拓江南基地做出了貢獻，授淮興翼統軍元帥。二十三年秋，在鄱陽湖之戰中，身先士卒，衝鋒陷陣，擊敗陳友諒軍前鋒。二十四年，因功升左相國。二十五年，以大將軍率師出征，先佔淮東，繼平浙西，連戰皆捷。二十七年九月，攻克平江，俘獲張士誠及其將士二十五萬。同年十月，以征虜大將軍率師二十五萬北上，先取山東，旋師河南，然後揮軍攻克大都（今北京），滅元朝。明初，他多次率軍遠征漠北等地，戍守邊疆，被朱元璋譽為「萬里長城」。徐達長於謀略，治軍嚴整，戰功顯赫，名列功臣第一。明洪武十八年二月病卒，追封中山王。

35 常遇春為何稱「常十萬」？

常遇春，明朝開國名將，字伯仁，安徽懷遠人，體貌奇偉，沉穩果敢，長臂善射。元至正十五年（一三五五年）參加農民起義軍，隨朱元璋渡長江，取太平，破集慶等地，每戰必先，屢立戰功，升中翼大元帥。十七年，攻寧國，身中流矢，裹傷再戰。此後連克寧國、池州等城。二十三年秋，在鄱陽湖之戰中，他奮勇當先，救出被陳友諒軍圍困的朱元璋，旋即率軍封鎖湖口，會同諸將全殲號稱六十萬的陳軍。二十五年十月，以副將軍與徐達率軍進攻張士誠，先取淮東，後佔浙西，於二十七年九月攻克平江，俘獲張士誠及其將士二十五萬，因功封鄂國公。十月，又以副將軍之職與徐達率師二十五萬北上，轉戰中原。次年八月，攻克大都，滅元朝。明洪武二年（一三六九年），率軍繼續北征，攻佔元上都，俘元宗王及將士萬餘。

七月，回師途中暴病而卒，追封開平王。他英勇善戰，統軍有方，自謂能以十萬眾橫行天下，故軍中稱之為「常十萬」。

36 土木堡之變爲什麼會發生？

土木堡之戰發生在明朝正統十四年（一四四九）八月，明軍在土木堡遭到蒙古瓦剌軍突然襲擊而全軍潰敗的一次戰役。正統三年，瓦剌部首領也先統一了蒙古各部，勢力日強，不斷出兵南擾。十四年七月，也先乘明朝宦官王振專權、防務廢弛之際，以明臣刁難其貢使為由，分兵四路進攻大同、宣府等要地。七月十六日，王振慫恿明英宗朱祁鎮率軍倉促親征。八月初一至大同，連日風雨，糧草匱乏，又聞前方守軍敗退，遂驚慌撤軍。十四日，明軍退至四面環山的土木堡，糧盡水斷，人困馬乏。瓦剌軍跟蹤追至，當夜包圍明軍。次日，英宗和王振輕信也先佯退言和之計，急令部眾移營就水，也先乘明軍混亂之機，令精騎追殺。

明軍指揮失靈，全軍潰敗，英宗被俘，史稱「土木堡之變」。不久，瓦剌軍大舉進攻京師（今北京），明王朝處境危急。

37 明朝抗倭名將統領是誰？

戚繼光，明朝軍事家，抗倭名將，民族英雄。他志在沙場，保國衛民，曾寫下「封侯解我意，但願海波平」的名句，畢生有四十餘年在軍中度過。

明嘉靖年間，倭寇竄擾中國沿海，無惡不作。一五五三年，戚繼光在山東防備倭寇。一五五九年，他親去金華、義烏等地招募兵士，以「岳家軍」為榜樣，教育士兵嚴守紀律，勇敢殺敵，愛護百姓，終於鍛鍊成一支聞名天下的「戚家軍」。他還針對南方多湖澤的地形和倭寇作戰的特點，創設攻防兼宜的「鴛鴦陣」，靈活作戰，屢次打敗敵人。

戚繼光指揮抗倭作戰，機智勇敢。一五六一年，在浙江台州地區，九戰皆捷。次年夏，奉命進剿猖獗的倭寇，他選擇時機，出敵不意登島，殲倭二千六百餘人，後與俞大猷等聯合進攻倭寇據為巢穴的平海衛，取得勝利。至嘉靖四十五年（一五六六年），東南沿海倭患基本消除。

38 一代名將袁崇煥爲何含冤而死？

袁崇煥，明朝名將，軍事家。他單騎出山海關考察形勢，返京後自薦戍守邊防，使寧遠成為關外軍事重鎮。一六二六年，在寧遠之戰中採取堅壁清野的策略，指揮軍民用大炮和火具擊敗努

袁崇煥

爾哈赤軍隊，並於次年擊敗皇太極的進攻，獲寧錦大捷。崇禎元年（一六二八年）升任兵部尚書兼右副都御史，督師薊遼，兼督登、萊、天津軍務。次年，皇太極率軍避開寧遠、山海關，從長城龍井關、洪山口、大安口入關，進逼京師（今北京），袁崇煥聞訊星夜馳援，統率諸路援軍重創後金於廣渠門外。但崇禎聽信讒言，中皇太極的反間計，以袁崇煥「私通」後金軍罪，將其逮捕入獄。崇禎三年（一六三〇年）八月二十六被冤殺於北京。「**杖策只因圖雪恥，橫戈原不為封侯**」（《袁督師遺集》）正是他耿耿忠心的自我寫照。

39 李自成起義有何重要意義？

李自成是明末農民起義軍領袖，陝西米脂人。崇禎初年（一六二八年），參加農民起義軍高迎祥部，英勇善戰，號稱闖將，幾經戰敗而再起，高迎祥死後，被推為闖王。一六四〇年，李自成帶領部隊進入災荒相當嚴重的河南，提出「均田免糧」的口號，受到民眾擁護。次年乘明軍中原兵力空虛之機，一舉攻克洛陽。崇禎十六年（一六四三年），在襄陽稱奉天倡義大元帥，制定了先取關中、再攻山西、後取京師的作戰計劃，率軍入河南。同年九月，採取誘敵深入的作戰策略，殲滅明軍四萬餘人，乘勝攻佔西安。十七年（一六四四年）正月，建立大順政權，年號永昌。隨後揮軍北上，三月十九日攻克京師，明朝遂亡。之後明將吳三桂引清兵入關，李自成迎戰失利，被迫放棄北京，退至湖北，在通山縣九宮山被地主武裝殺害。李自成統率農民奮戰十餘年，推翻了明王朝，在中國農民戰爭史上佔有重要歷史地位。

李自成

40 鄭成功如何收復臺灣？

鄭成功，明清之際軍事家，民族英雄，其父降清，鄭成功泣勸無效，遂與父決裂，募兵抗清。他以福建金門、廈門為基地，建立了一支兵銳將勇、紀律嚴明的水陸部隊，取得三次抗清勝利，威震東南。清廷進剿失敗，遂勸降，但鄭成功不為所動。

清順治十二年（一六五五年），清朝大舉進攻鄭軍。鄭成功集兵金廈，誘其出海作戰，殲滅清水師。十八年（一六六一年）初，他決計乘侵台荷蘭殖民軍兵力薄弱、求援困難之機收復臺灣。當時，有人勸他固守金廈，有人以荷軍船堅炮利、入台水路險惡為由反對復台。他力排眾議，在充分準備後，自金門料羅灣出發，經澎湖，出敵不意地在鹿耳門及禾寮港登陸。在臺灣民眾支持下，先以優勢兵力奪取荷軍防守薄弱的赤嵌城，繼又對防禦堅固的首府熱蘭遮城長期圍困，此後擊敗荷蘭援軍，迫使殖民總督簽字投降，撤離臺灣。鄭成功廢除荷蘭在臺灣的殖民體制，建立行政機構，為開發臺灣做出了重大貢獻。

41 中國滿族八旗兵的創建者是誰？

努爾哈赤，即清太祖，是滿族八旗兵的創建者和統帥，軍事家、政治家。

努爾哈赤年輕的時候，勤奮好學，廣交漢人，足智多謀。他在女真各部趨向統一的潮流中，運用順者以德服、逆者以兵臨的策略，首先統一了建州女真，後經多年征戰，統一了海口女真和黑龍江流域大部分地區，基本上結束了女真各部長期分裂和混戰的局

努爾哈赤

面，逐步形成新興的滿族。

努爾哈赤在統一女真各部過程中，在女真氏族狩獵組織的基礎上，經過逐步改革，於明萬曆四十三年（一六一五年）創建了八旗制度。他以旗統軍，以旗統民，把分散的女真各部組織在旗下，平時生產，戰時出征。

努爾哈赤戎馬生涯四十餘年，常躬親征戰，指授方略，培養出一批能征善戰和治軍有方的將領。他用兵主張「不勞己，不頓兵，智巧謀略為貴」，在實戰中常出奇制勝，以弱勝強，以少克眾，其軍事思想對後來兵家有較大的影響。

42 《六韜》是什麼樣的書？

《六韜》是中國古代著名兵書，為《武經七書》之一。該書分文韜、武韜、龍韜、虎韜、豹韜、犬韜六卷，共六十篇。

《六韜》重視政治上勝敵。認為「天下非一人之天下，乃天下人之天下」，唯有道者才可君臨天下，施政唯有「愛民而已」，並認為用兵目的在於「除民之害」，戰勝而使「百姓歡悅」。它認為將領要熟知敵情、友情、我情，對於不同的作戰、不同的敵人、不同的地形，都要根據具體情形部署相應的陣勢和採取不同的戰法。在使用兵力上，主張「必有分合之變」，圍城攻邑則要集結三軍。在軍隊建設上，要求將領具備勇、智、仁、信、忠等德行，要求執行嚴格的戰場紀律。

《六韜》對後世有重大影響，張良、劉備、諸葛亮、孫權都重視《六韜》，該書在中國軍事學術史上具有較高的地位。

43 《三略》包含哪些內容？

《三略》是中國古代著名兵書，《武經七書》之一。所謂《三略》，意為上、中、下三卷韜略，相傳其源於姜尚。

該書是一部從政治與軍事的關係上論述戰勝攻取的兵書。「上略設禮賞，別奸雄，著成敗。中略差德行，審權變。下略陳道德，察安危，陰賊賢之咎。」在政治上，它強調以「道」、「德」、「仁」、「義」、「禮」治國，要求明君得人心，選賢才，「賞祿有功，通志於眾」。在軍事上，它認為從事戰爭要從保民的目的出發，「扶天下之危」，「除天下之憂」，「救天下之禍」，「以義除不義」。它還認為「將者，國之命也」，要求將帥「必與士卒同滋味而共安危」，「以身克人」，重賞勇士，嚴明號令，確保機密等等。值得重視的是它對將帥、士兵和民眾的各自作用作了中肯的論述，指出「統軍持勢者，將也；制勝破敵者，眾也」。

該書對後世有重要影響。

44《吳子》包含什麼軍事內容？

《吳子》是中國古代著名兵書，《武經七書》之一。它反映了新興地主階級的戰爭理論、軍隊建設和作戰指導方面的觀點。

《吳子》主張「內修文德，外治武備」，把政治和軍事緊密結合起來。所謂「文德」，就是「道、義、禮、仁」，並以此治理軍隊和民眾。所謂「武備」，就是「安國家之道，先戒為室」，必須「招募良才，以備不虞」。

《吳子》主張兵不在多，「以治為勝」。治，就是建設一支訓練有素的軍隊。要求選募良才，重用勇士和志在殺敵立功的人作為軍隊的骨幹，對士卒的使用要因人而異。將領必須與士卒同甘苦，共安危。獎勵有功者，勉勵無功者。撫慰和慰問犧牲將士的家屬，以恩結人心。選拔文武兼備、剛柔並用的人為將。

《吳子》繼承和發展了《孫子兵法》的思想，在歷史上曾與《孫子》齊名，並稱為「孫吳兵法」，為歷代兵家所重視。

45《司馬法》有哪些軍事內容？

《司馬法》是中國古代著名兵書，《武經七書》之一。它在對戰爭的態度上主張「國雖大，好戰必亡；天下雖安，忘戰必危」。它要求治軍應做到「力同而意和」，講求軍隊內部的團結和戰鬥中的互相配合。對將帥的條件提出較高要求，指出將帥應當沉著冷靜，要以道義教育部眾，進入敵國要嚴守軍紀，爭取對方軍民人心。

它在作戰方面主張要先行「五慮」，創造取勝條件。指出要掌握有利時機（「順天」）、要有充分的物資準備（「阜財」）、良好的士氣（「懌眾」）、有利地形（「利地」）和精良武器（「右兵」）。在作戰上，既要周密，又要注意隨機應變。

《司馬法》在闡明軍事原則時，注意從眾寡、輕重、治亂等各種關係中分析問題。它還指出軍事原則知易行難，重視戰爭實踐。

46《尉繚子》有哪些軍事內容？

《尉繚子》是中國古代著名兵書，《武經七書》之一。

《尉繚子》強調農戰，富國強兵。認為「土廣而富則國富，民眾而治則國治」，這樣才能威治天下。

它注意謀略和戰前準備，在攻守上重變通，注意爭取主動；在進攻中主張先發制人，出其不意；並論述了前鋒、後續部隊與大軍的任務區分和行動配合。

它在治軍上主張「制必先定」，賞罰嚴明，強調三點：①將帥要恩威並施，執法公允，並要以身作則；②把教練作為必勝之道，論述了訓練的目的、方法、步驟，提出分級教練及大部隊合練的要求；③「號令明，法制審」，使軍令、軍制完備，賞罰有據。其所擬制的一系列法令內容最為豐富、具體、突出。其中有戰鬥編組、隊形、指揮信號，平時和戰時獎懲，營區劃分、宿營、戒嚴、通行以及著裝、旗色、徽章等規定。

《尉繚子》所論甚博，頗得用兵之道，對後世有重要影響。後來杜牧、張預都用其文注釋《孫子》。

47 曾國藩創建的湘軍有何歷史意義及作用？

曾國藩是晚清地主階級軍事家、湘軍的創立者和統帥。太平天國起義後，他於咸豐二年（一八五二年）奉命幫辦湖南團練，摒除清代八旗、綠營的舊制陋習，仿明代戚繼光之營制，招募山鄉農民，編練成一支新型的地主武裝——湘軍，開近世兵為將有的先河。他極力詆毀太平天國革命，誓師出征，向西征的太平軍進攻，初敗於岳州、靖港，後在湘潭獲勝。後輕捷戰船突入鄱陽湖，為太平軍阻隔，長江湘軍水師連遭敗績。此後曾國藩用兵更加謹慎，戰前深謀遠慮，謀定後動。九年，定計圍困安慶，最終於十一年秋攻克安慶。同治元年（一八六二年），曾國藩以安慶為大本營，從多路對太平天國進行戰略包圍，於三年六月攻佔天京。早年湘軍使用的洋炮，大多購自外國。同治元年，曾國藩特設軍械所於安慶，後又和李鴻章在上海設置江南機器製造局，仿造外國軍火，裝備湘軍、淮軍。清代洋務運動也自此開始了。

曾國藩

四年春，欽差大臣僧格林沁在山東被拈軍擊斃，曾國藩奉命督辦直隸、山東、河南三省軍務，北上鎮壓拈軍。他多次施計圍困拈軍，後繼任鎮壓拈軍的欽差大臣。

48 創建淮軍的人是誰？

李鴻章是淮軍創始人和統帥，晚清軍政重臣。咸豐三年（一八五三年）在原籍合肥辦團練對抗太平軍。八年，赴江西入曾國藩幕府。十一年冬奉命到皖北募勇。他以淮南團練為基礎，仿湘

李鴻章

軍營制，編練成淮軍。次年他在英、法、美侵略者支持下，大量購置洋槍洋炮裝備和訓練淮軍與太平軍作戰，後攻陷太平天國的首都天京。他在上海、蘇州創辦小型洋炮局，仿西法製造炮彈，後將原洋炮局合並擴充為江南製造總局和金陵製造局。五年，在山東、江蘇間鎮壓了東捻軍。七年，與左宗棠聯合鎮壓了西捻軍。

咸豐九年，他調往直隸總督兼北洋大臣，參與掌管清政府的外文、軍事、經濟大權。在天津、大連、威海分別設立水師學堂、武備學堂和水雷學堂。李鴻章對外主和議。中法戰爭中，他主張「乘勝而收」，與法國訂立了《中法天津條約》。中日甲午戰爭中，幻想「以夷制夷」，避戰求和，導致陸軍慘敗和北洋海軍全軍覆沒，並簽訂了喪權辱國的《馬關條約》。八國聯軍侵華時，他又代表清政府與列強簽訂了不平等的《辛丑合約》。

49 左宗棠的軍事經歷有哪些？

左宗棠是湘軍統帥之一，晚清軍政重臣。咸豐元年（一八五一年），太平軍興，他積極參與鎮壓太平軍。十年，隨兩江總督曾國藩操辦軍務，與太平軍作戰。同治三年，攻陷杭州，繼續鎮壓了太平軍餘部。左宗棠任閩浙總督期間創福州船政，時為清政府最大的新式造船廠，設求是堂藝局，培養造船及海軍人才。五年，任陝甘總督，以欽差大臣之職督辦陝甘軍務，制定「先拈後回」、「先秦後隴」的方略，先後鎮壓兩拈軍和陝甘回民起義。同治四年間，中亞浩罕汗軍事頭目阿古柏入侵新疆，建立偽政權。十年，沙俄強佔伊犁地區。左宗棠駁斥放棄新疆的論調，力主收復失地。二年，制定了「先北後南」、「緩進速戰」方略，命道員劉錦棠率大軍進疆，取得重大勝利，將阿古柏殘匪逐出國境。之後，他出屯哈密，以武力為外交後盾，收復伊犁。中法戰爭爆發後，他極力主戰。十年，任欽差大臣督辦福建軍務，進駐福州前線，整頓防務，部署戰守。

左宗棠

50「石敢當」指的是誰？

石達開，太平天國軍事統帥之一。少時慷慨有志，苦讀《孫子兵法》。早年加入拜上帝會，與洪秀全、馮雲山等共謀起義。金田起義後被封為翼王。在太平軍由廣西向金陵（今南京）進軍途中，任開路先鋒，圍長沙，克武昌，佔金陵，一路當先，所向披靡，被清方稱為「石敢當」。

咸豐三年（一八五三年）年春，太平天國建都南京，稱天京，同時遣軍北伐、西征，石達開留京協助洪秀全處理軍政要務，衛戍天京。四年，西征軍在湖南湘潭為曾國藩的湘軍所敗，節節後撤，武漢失守，九江危急。他奉命率援軍赴湖口，取得太平軍湖口大捷，在西征軍扭轉戰局、重佔武漢後，他又揮師南下，困曾國藩於南昌。六年，奉命回援天京，摧毀清軍江南大營，解了天京之圍。

六年秋，天京發生內訌，石達開奉詔回京輔政，全朝擁戴。七年夏，因受洪秀全疑忌，自天京分裂出走，後被大渡河所阻，遭清軍圍困陷於絕境，投入清營，在成都遇害。

51 鎮南關地理位置如何？

鎮南關是中國南疆重要關口，今友誼關。始建於兩千多年前的西漢，曾稱雞陵關、大南關和界首關。位於今廣西壯族自治區憑祥市西南十五公里處，踞大青山、金雞山隘口，與西北的平而關、水口關合稱「南天三關」。明洪武元年（一三六八年），為鞏固南疆，改建為兩層門樓，後易名鎮南關，並在金雞山陡壁上修築炮臺數座，俯控關口。關城附近山巒重疊，谷深林茂，地勢險要，為中國通往越南的交通要口之一，古有「南疆要塞」之稱。清光緒十一年（一八八五年），法國侵略軍二千餘人自越南諒山進犯鎮南關，愛國將領馮子材率軍民在關內四公里處的關前隘英勇抗擊，大敗法軍。光緒三十三年，孫中山、黃興等在此發動推翻清朝的「鎮南關起義」。

52 鎮南關大捷的過程是怎樣的？

清光緒年間，法國入侵中國國境，雙方展開戰爭。光緒十一年，法侵佔鎮南關，後因兵力不足而退，伺機再犯。時老將馮子材受命幫辦廣西關外軍務，馳赴鎮南關整頓部隊，部署戰守。馮子材根據地形做了一番周密布置，築成較完整的防禦陣地。同時改變清軍一線防禦的陳規，採取兩翼策應、正面縱深梯次配置的方式，部署重兵防守。

二月初，馮子材得知法軍將犯鎮南關，便派兵突襲法軍營地，打亂法軍部署。初八晨，

鎮南關（今友誼關）清軍布防圖

法軍在炮火掩護下，大舉進攻。馮子材傳令各部將領，勇敢殺敵，有進無退，並懸重賞激勵將士。當敵逼近城牆時，年已七十的馮子材持矛大呼，衝入敵陣，全軍感奮，一齊湧出，終將法軍擊退。法軍死傷數百人，遺棄大量軍用物資。鎮南關大捷使清軍在中法戰爭中轉敗為勝，振奮了民族精神。法軍戰敗的消息傳至巴黎後，導致茹費理內閣倒臺。

53 丁汝昌領導的北洋海軍爲何失敗？

丁汝昌是清末海軍愛國高級將領，早年參加太平軍，後叛投湘軍，不久改率淮軍，參與鎮壓太平軍和捻軍。光緒六年率水師官兵二百餘人赴英國，接帶清政府向英訂購的「超勇」、「揚威」巡洋艦回國。十四年，任北洋海軍提督，對組建北洋海軍有所建樹。十七年，率艦隊訪問日本，目睹日本海軍的發展，回國後，陳請清政府增購新式軍艦，以備戰事，未獲准。二十六年六月本搗海戰後，帶領北洋海軍諸將察看被日艦擊傷的「濟遠艦」，並改裝了其他各艦的防護設施。八月十八日，在黃海海戰中因指揮失誤，致北洋海軍受重創，被革職留任。在威海衛之戰中，率北洋海軍困守威海港和劉公島，被日軍海陸圍攻，陷於絕境，仍堅持抵抗，嚴拒日本聯合艦隊司令長官的勸降，決心戰至船歿人盡而後已。二十一年正月十七日夜，丁汝昌見援兵已絕，突圍無望，遂服毒自盡。

54 山海關的地理意義有什麼？

山海關是中國明代長城東段著名關口，位於今河北省秦皇島市東北十五公里。關城北倚燕山，南臨渤海，為冀、遼之間的咽喉要地，清人讚為「兩京鎖鑰無雙地，萬里長城第一關」。隋開皇三年（五八三年）築關，稱渝關。唐代以後關城漸廢。明洪武十四年（一三八一年），大將徐達築城防衛，因其背山面海，稱山海關。山海關有東、西、南、北四門。東、西門外有羅城拱衛，關城南北兩翼有翼城呼應。東門懸有「天下第一關」匾額。羅城以外有威遠城和多座烽火臺為前哨，構成堅固的防禦體系。萬曆七年（一五七九年），抗倭名將戚繼光於南海口砌石為壘，增築長城，高九公尺，長二十餘公尺，猶如龍頭伸入大海，俗稱「老龍頭」。

崇禎二至十一年（一六二九～一六三八年），清軍先後由喜峰口、古北口等處多次進入關內，皆因山海關為明軍堅守，恐襲其後而退兵。崇禎十七年，李自成率農民起義軍攻佔北京，進逼山海關，因明遼東總兵吳三桂引清兵入關，招致失敗。

今山海關關城仍然存在，為著名旅遊勝地。

55 居庸關有何地理意義？

居庸關是中國古代長城重要關口，舊稱軍都關、納款關、薊門關，位於今北京市昌平縣西北十二公里之軍都山關溝中段，是古代北京通塞外的咽喉要道。居庸最初為塞，「天下九塞，居庸其一」。北魏、北齊修築長城並與關城連接，遂成為長城關口。明景泰元年（一四五〇年），關址南移四公里，並於關溝南、北兩端建外關，與紫荊關、倒馬關合稱內三關。軍都山西接太行，為北京西北屏障。居庸關城兩側，高山夾峙，旁有巨澗深溝，懸崖陡壁，倚恃八達嶺，南屏南口，易守難攻，素有「鐵門」之稱。東漢元初五年（一一八年），鮮卑人攻居庸關未遂。成吉思汗兩次攻金中都皆受阻於居庸關，後遂改往黑林溝才進取中都。明崇禎十七年（一六四四年），李自成農民起義軍取大同，陷宣布，攻居庸不下，遂繞道柳溝，取南口，陷京師，明亡。

今關城尚存，為著名旅遊勝地。

56 雁門關有什麼地理意義？

雁門關是中國古代著名關口，位於今山西省代縣西北二十公里的勾注山上。勾注山東西橫亙，峰巒環繞，路狹谷深，形勢險要。因兩峰夾峙，其形如門，飛雁出其間，故名雁門關。雁門

雁門關

關東有紫荊、倒馬之險，西有寧武、偏頭之固，北通大同，南達太原，為南北交通要衝，與勾注山同為山西省北部之屏障，人稱「外壯大同之藩衛，內固太原之鎖鑰」，自古以來是兵家必爭之地。漢文帝後元六年（西元前一五八年），將軍蘇意率軍屯守勾注，據險設卡，以防匈奴。南北朝北魏孝文帝時，雁門關始見記載。宋太祖興國五年，契丹王率十萬遼兵攻打雁門關，直逼太原，宋代名將楊繼業憑勾注、雁門之險，大破契丹。元時，古雁門關漸廢。明時，在古雁門關關址東南約五公里處重建雁門關，並玉門關沿溝注山築長城，建堡寨，雁門關遂成為長城的重要關口。關城周長二里餘，依山就險。關外築大石牆三道，小石牆二十五道，雄關愈加險固。

57 玉門關地理位置如何？

玉門關是漢代長城西段重要關口，是古代內地通往西域的門戶，因崑崙山之玉石經此運往內地而得名，古址在今甘肅省敦煌縣西北七十一公里小方盤城。漢武帝開闢河西後置關。元封三年（西元前一〇八年），自酒泉築屏障至玉門，遂為長城關隘。宋以後關漸廢。玉門關地處河西走廊西端，北依天山餘脈，南鄰阿爾泰山麓，沿河兩岸水草充足，為天然通道。元封三年，大將越破奴率師騎出玉門，破車師（古西域名）。西漢太初元年（西元一〇四年）、太初三年，李廣兩度伐大宛，均出師玉門。東漢永平十六年（西元七十三年），竇固攻北匈奴，班超出使西域，俱出玉門關。

玉門關

58 潼關地理位置如何？

潼關是中國古代洛陽、長安間的重要關口，故址在今陝西省潼關縣東北十公里、黃河大曲部

東端兩岸，居陝西、山西、河南三省要衝。潼關，古為桃林塞地。東漢末設立關口，原稱沖關。後以關西有潼水，改名潼頭。隋置都尉，唐置潼津縣，宋置鎮潼軍，明置守禦千戶所，清置潼頭廳。潼頭地踞山河峽谷之間，南倚東西綿亙之華山，北瀕黃河天險，隔河與風陵渡相對，東連函谷，西南有禁谷天塹，地勢險要，扼控風陵津渡要衝，古有「潼頭固則全秦固」之說，為歷代兵家必爭之地。東漢建安十六年（二一一年），曹操西征，被馬超阻於潼關，操數攻不克，乃繞道暗渡黃河，方入關中。唐廣平元年（八八〇年），黃巢義軍奪取洛陽後，揮軍北進，受阻潼關，逐填平禁谷，迂迴關後始破潼關，繼而進入長安。明崇禎十六年（一六四三年），李自成農民起義軍克潼關後，直陷西安。

中國文化拾遺

中國文化拾遺

1中國何時出現了「皇帝」？

「皇帝」是中國古代專制君主的稱呼之一。在甲骨文、金文和上古典籍中，都有「帝」、「皇」等記載。古代有「三皇五帝」的傳說。三皇五帝究竟指哪幾位，眾說紛紜，莫衷一是。照《史記》的說法，三皇是指天皇、地皇、泰皇，五帝是指黃帝、顓頊、帝嚳、唐堯、虞舜。而在夏商周時期，帝還不是人間君主的稱號，帝大都指大天、天上的神。商周最高統治者一般稱王，王是人間君主最尊嚴的稱呼，如周代有天王、武王之說。到春秋戰國時期，由於周王室的逐漸衰敗，各國諸侯紛紛稱王，王這一稱呼開始普遍，失去了獨尊的地位，因而一些勢力很強的大國君主不滿足於稱王了，他們將過去專指天神或遠古聖賢的「帝」這一稱號加到自己頭上。秦統一全國後，秦始皇開始稱自己為「皇帝」，皇帝一詞作為中國封建專制君主的稱呼直至清帝國被推翻才告終止，共沿用了二千餘年。

2什麼是科舉制度？

科舉制度，是指官府經過定期舉行的科目考試，根據成績的優劣來選取人才、舉任官吏的一種制度。它和以前的選舉制度最根本的區別，在於凡普通的讀書人均有參加官府考試，從而有被選拔做官的機會，這就使封建王朝能夠在更大的範圍內選拔官吏。中國科舉制度的正式產生，一般認為以隋煬帝創置進士科為標誌，但它的起源，可以追溯到春秋戰國時期。

春秋戰國時期，一些有勢力的豪家瓜分公室，代諸侯國君而起，豪家的家臣便成為諸侯國的官吏。隨著世官制的瓦解，選拔官吏便成為需要，選拔的途徑也多了起來。多數情況是有才能之士通過遊說、上書和自薦獲得官職，也有的是根據功勞大小來選拔，再有的是由郡縣長官在一年一度的上計時向國君推薦。當然，春秋戰國時期出現的這些選拔官吏的方式，還沒有形成最終的科舉制度。直到西漢和魏晉南北朝時期，才出現了真正意義上的以朝廷公開考試的方法來選拔官吏。這一方法到唐朝得以普遍應用。

宋人科舉考試圖

3 中國古代有哪些刑罰？

刑罰，是刑法中的一種重要法律手段，由審判機關以國家名義依法量刑，剝奪各種犯罪分子某種權利的強制處分。中國古代以刑為主，而刑罰基本上經過了兩個階段，即奴隸制五刑與封建制五刑。

奴隸制五刑史稱「禹刑」、「湯刑」和「九刑」。主要是：一、墨，在罪犯面部或額上刺刻後塗以墨，後世亦稱黥刑。二、劓，割鼻之刑。三、刖，亦稱刖，斷足之刑。還有去膝蓋的臏骨。四、宮，男去勢，女去幽閉。五、大辟，即死刑。到了隋唐時期，奴隸制五刑逐漸更改，變得更為人道一些了，但還是以肉刑為主。主要有以下幾種：一、笞，分為五等，一般輕微民事案件，用笞刑。二、杖，同樣分為五等，也是限於一般較大的民事案件。三、徒，分為五等，徒刑須居作（服勞役），稱為自由刑。四、流，即流放，分為三等，是比徒刑更為嚴厲一些的刑罰。五、死，分為二等，即絞和斬。唐以後的歷代刑罰制度基本沿襲前代而略加變化。

4 人類是怎樣發明火的？

火是大家日常生活中不可缺少的東西，它可以用來照明，用來做飯，用來取暖，給人們的生活帶來了很大的方便。但是，你知道火是怎樣被人們創造出來的嗎?在遠古時代，人們還沒有火。有時候，一陣電閃雷鳴之後，森林中起了大火，人們發現這東西可以發光，並且能嚇跑野獸，便將火種帶回洞穴保護起來，以供照明和嚇跑野獸。但那時人們還不知道用火來燒熟食物。那時候人們坐在火堆前吃生獸肉。

終於有一天，在烈日炎炎的夏日，人們在太陽下面做工具時，無意之間在一塊枯木上鑽出了火苗。他們發現用石器不停地鑽枯木會引起木頭發熱甚至燃燒。至此，人們終於能自己隨時隨地創造火了。

這應該就是「鑽木取火」的故事吧。

用火圖

5 什麼時候開始有火藥的?

上古時代，人們還只會使用自然火和鑽木取火，並沒有別的取火方式。但是到了宋代，隨著硫磺的發現和使用，人們漸漸地發現硫磺和某些物品放在一起會產生熱，甚至曾經因此產生過火災。之後，聰明的古代勞動人民終於發現，硫磺和石灰以及草木灰等物品以一定的比例攪和在一起會很快變熱，甚至可以冒煙，最後可以使一些易燃物比如草屑木屑燃燒。自此，火藥的雛形就出現了。

火藥剛一產生還只是用於生活，人們用火藥取暖和生火。後來人們發現，火藥如果放在某個容器裡燃燒還可能發生爆炸，便進一步發明了火藥武器。

6 什麼是「票號」、「錢莊」？

票號是清代重要的信用機構，主要從事匯兌業務，又稱「匯票莊」或「匯兌莊」，因多由山西人開辦和經營，故亦稱「山西票莊」、「西號」。

錢莊又名銀號，在長江流域和上海地區稱「錢莊」，在北方和華南各省，多稱之為「銀號」。它是從銀錢兌換業務發展而來的一種信用機構。中國的兌換業源遠流長，唐宋時就有金錢鋪、兌坊類的組織。明初推行寶鈔，禁用金銀。宣德年間，寶鈔壅滯難行，民間交易只用金銀。英宗正統年間放鬆管制，白銀正式成為法定通貨和銅錢同時流通。因幣種繁多，僅制錢一項就有「金背」、「火添」、「錠邊」等，重量成色不一，而且製錢、私錢和白銀的比價經常波動，經營銀錢兌換業務的錢莊遂應運而生。

7中國古代奴婢制度情況如何？

奴隸社會中，奴隸是社會生產的主要承擔者，奴隸中除大部分人從事農業、手工業及其他社會生產部門的勞作外，還有少部分人專為奴隸主的日常生活服務，主要從事家務勞動。隨著奴隸制被封建制取代，奴隸在社會生產領域的主導地位被農奴或農民所取代。

封建社會的奴婢，一般分為官婢和私婢兩種。官奴婢主要為皇室、朝廷、官府服務。兩漢時，官奴婢的主要任務是到皇苑飼養狗馬禽獸和在宮廷充當侍女、宮人，以及在官署承擔各種雜役。私奴婢「是替富人做家務和供他們過奢侈生活用的奴隸」，他們主要是為封建貴族、官僚和富豪家庭服務的。兩漢的私奴婢有許多人被用於歌舞、扈從、侍奉。如兩漢貴族出遊，都有「騎奴侍童」的習慣，將童奴作為騎馬時的踩腳。唐代奴婢從事的工作要更為廣泛一點，如為主人管理田莊和高利貸、經商、當扈從和承擔部分農業和手工業生產等任務。

8中國古代娼妓情況如何？

娼妓是古代東西方社會中普遍存在的一種病態社會現象。作為娼妓的女子，以物質利益為代價，出賣色相，以滿足買主的聲色之欲。這種行為不僅公開盛行，而且還部分地受到國家的保護，這已超出了個別人「淫亂」行為的範疇，而成為一種社會制度。淪為娼妓的絕大多數是窮苦的下層社會婦女，她們為生計所迫，不得不依靠出賣肉體來維持生計。中國古代「娼妓」的稱呼，起始頗遲。在先秦和秦漢的時代，社會上有「娼」、「妓」等。純營業的娼妓出現在魏晉南北朝時期，唐代是其迅速發展時期。這時，正式形成了「官妓」制度。唐代妓女，多聚居於北門附近的平康里，所以後世往往稱妓院為「平康」、「北里」。明代仍有官妓，明成祖對建文帝親信的妻女，發落教坊司為妓，是人們所熟知的史實。明代中期取締官妓，是中國古代娼妓史上的一大變革，從此以後，娼妓完全由私人經營，此法一直持續到民國。

潯陽妓

9 什麼是封禪？

封禪是古代統治者舉行的一種祭祀天地的典禮。「封」指築土為壇祭天，古人認為群山中泰山最高，因此人間的帝王應到最高的泰山上去祭上帝，表示受命於「天」。「禪」指祭地，在泰山下的一些小山如之雲山、亭亭山舉行。實質上，封禪是一種具有政治目的、又帶有神秘特點的非宗教性的祭祀活動。

傳說上古時代及夏商周三代已有封禪的說法。秦漢時期，秦始皇和漢武帝都舉行過封禪儀式，比較典型地反映了古代封禪的情況。秦始皇統一中國後，曾巡行各地，率領車駕、文武大臣及儒生博士七十人到泰山舉行封禪活動。準備行封禪禮時，那些儒生議論紛紛，有人說古代天子封禪要用蒲裹車輪的「蒲車」，以免損傷山上的土木草石；有人說要掃地而祭，下鋪用麥秸做的席。所說互相矛盾，難以實施，秦始皇由此將隨從的儒生全部撤退，自定封禪的儀式。他乘車從山南祭上泰山之頂，勒石歌頌功德，舉行封禮，作為神聖的大事，然後又從山北下來，到漂父山去行禪禮。所用禮儀大體根據秦國舊時祭祀上帝之禮稍加改造而成。

10 中國古代主要崇拜哪些神靈？

中國古代崇拜的神靈很多，以漢族為例，除去原始時期崇拜圖騰及祖先之外，各個時期、各個社會階層都有一些不同的崇拜對象，但主要還是集中在以下幾個神上：上帝。上帝又稱天、天皇，是神靈世界的主宰，也是歷代統治者和一般群眾都崇拜的最高神靈。

門神

門神

社神。社神即土地神，又名后土，也是統治者和一般群眾都普遍崇拜的神靈。相傳的社神有兩個，一個是句龍，一個是禹。

高禖。即婚姻、生殖之神。因為祭神多在郊外進行，所以又稱郊禖。漢代以後直至近代，由於受印度佛教的影響，民間所崇拜的高禖神逐漸被送子觀音代替。

門神。門神是從古至今人們都崇拜的大神之一。唐代以前的門神是神荼、鬱壘。

灶神。灶神又稱灶君、灶王爺。在民間臘月三十日都要用飯肉魚酒等敬灶神，希望他酒醉飯飽後上天只講好話，不吐惡言。後來敬神還要用麥芽糖、膠糖等甜食，目的是封住灶神的口，據說如果不這樣，一家人都會遭殃。

11 中國古代人是怎樣離婚的？

古代人們把婚姻看做是延續家族的行為，是子孫對祖先應盡的神聖義務。因此，「獨身者」被認為是愧對祖先的不孝者，而不能完成「上以事宗廟，下以繼後世」使命的婚姻，也就必須解除。這種不考慮婚姻當事人的感情，只以家族利益得失作為決定條件的離婚行為，是中國古代在婚姻問題上的根本特性之一。

離婚的條件主要有：

七出。不孝順父母、天子、淫佚、妒忌、惡疾、多言、盜竊。只要犯有其中的一項，原則上就可以和妻子離婚。

義絕。包括夫對妻族、妻對夫族的祭聖罪、姦非罪，及妻對夫的謀害罪而言。

協商。夫妻雙方若一致同意離婚，即使不合「七出」和「義絕」條件，法律也是承認的。

12 十二生肖是怎樣形成的？

十二生肖，又稱屬相，是中國特有的一種民俗現象，儘管世界上許多國家都有或曾經有過類似於中國那樣的十二獸紀年的方法，但它們成為人們的屬相，卻僅見於中國。十二屬相是與十二支相聯繫的。十二支與動物的這種對應關係起源於上古時代人們對動物的崇拜。《山海經》中曾列舉了許多動物神，都由兩種動物合體或人與動物合體而成，但這些合體動物不外乎由十二生肖構成。至於十二種動物用來與年及人的生年相聯繫，則在南北朝時已有，當時敘事述人每每稱人的屬相。十二獸與年、日相配，不僅中國有，而且也大同小異地存在於中國某些少數民族或外國中。

總之，十二生肖源於動物崇拜。

13 中國有哪些傳統節日？

慶賀節日是以喜慶豐收、祝賀人畜兩旺、平安幸福為主要內容的節日。它和具有慶賀成分的祭禮等節日的不同還在於，它往往構成連續性的喜慶活動。

其中最具代表性的是「年節」，即過年，其過程異常複雜，時間在每年的第一天。其次便是端午節，每年的農曆五月初五，為了紀念偉大的詩人屈原。然後便是清明節，農曆四月初一。還有重陽節，農曆九月初九。

古代傳統的重要節日一般就包括以上幾種。

14 粽子由何而來？

粽子是中國人民喜愛吃的米製品。粽子在古代又叫角黍。粽子不是天生就有的，據說偉大的詩人屈原，在被貶至遠方時路過一條江，在橋上屈原終於忍不住內心的傷痛，絕望地投江自盡。當地的老百姓得知後，便用各種形式紀念屈原。許多人把米撒到江中，又怕被魚吃了，便用一層楝葉包起來，送給屈詩人。

早期粽子的包法，是用糠葉堵米的竹筒，再用五色線纏上，據南朝梁吳均說，這是防止當粽子投入江中祭屈原時被神話中的蛟龍搶走的緣故。到了魏晉時期，端午節吃粽子已經相當盛行，烹飪技術也大有提高。與後代不同的是，南北朝時，粽子既可以在端午節這天吃，也可以在夏至這天吃。

15 中國有哪幾大傳統菜系？

中國菜肴舉世聞名，品種之繁多，口味之精美，可居世界之最。各種菜系，都有不同的配料，不同的烹飪方法，不同的風味，五光十色，美不勝收。一般說來，各地方有各地方的特殊口味，有各具特色的烹飪程式，並逐漸從民間風味發展為特定典型。

在中國菜肴中，由民間風味發展起來的不下二千種，形成閩菜、川菜、粵菜、京菜、魯菜、蘇菜、湘菜、徽菜、鄂菜等等著名菜系。不少菜系，都融合了很多不同地方、不同民族的菜肴特色，如北京菜，即是融合北方滿、蒙、回、漢菜肴發展起來的。

菜肴的不同類型受很多方面條件的影響。一是原料生產的地方特色；二是受各民族各地方生產生活的需要和口味所制約；三是各地方各民族的調製方法。這些都是形成不同菜系的重要因素。

中國眾多的菜系和豐富的飲食，猶如百花園中的奇花異葩，把一部古代文化史裝點得分外豔麗，是值得我們引以為豪的。

16 中國古代用什麼洗衣服？

在今天的日常生活中，洗滌劑已經是不可或缺的東西了。那麼，在古代人們用什麼東西來洗去污漬呢？

先秦及秦漢時使用的洗滌劑主要有：糧食浸泡液。即將糧食浸泡在水中，達到一定程度即可以洗去污垢。

灰水。即草木灰的水浸液。草木灰中含有碳酸鉀，所以能去污，在當時條件下，這的確是一種易於取用的洗滌劑。

此外，還有一種混合洗滌劑。貝殼灰與欄木灰混合，可以生成氫氧化鉀，用它的水溶液洗滌絲織品時，與絲表面附著的油脂發生作用，可以生成鉀肥皂，能把絲洗得格外乾淨。

魏晉隋唐時新出現的洗滌劑主要有皂角和澡豆。皂角是豆科植物皂莢樹所結的果實。

此外，中國古代曾用的洗滌劑還有礆和茶麩。礆是碳酸鈣晶體。茶麩是油菜籽炸油後的副產品，將其搗爛用水浸出的液汁中含有皂素，也可以去垢。這兩種洗滌劑使用的年代不詳，在明清時期廣泛運用，至近代仍沿用不息。

西施浣紗

17 中國古代有報紙嗎？

中國古代有沒有報紙？如果有，它創造於何時？有人說，中國西漢時已有報紙，叫做「邸報」。但是，從目前掌握的資料看，這只可算是一種猜測。據史料考證，中國古代最早的原始形態的報紙起源於唐代，它被概稱為「報狀」。隨著時代的變遷和科技的發展，宋、明、清各代都有了官方和民辦的報紙。清代的《京報》則是古代報紙向近代報紙的過渡。

唐玄宗開元年間，出現了一種把朝廷政事動態「條布於外」的原始形態的報紙。唐末孫在《經緯集》中提及此事，並把這種原始的報紙稱之為「開元京報」。

時至宋代，出現了許多形態的報紙。當時佔據主要地位的，是由朝廷直接向全國官吏傳遞的政府機關報——「進奏院狀報」。

「邸報」見於宋末，明王朝建立後，擴大了報紙的發行，直至清代的《京報》。由於是手工印刷，不能大量出版，因此各地出現了翻版的《京報》，冠之以其他名稱，內容卻還是一樣。

賣新文

18 姓和氏有什麼區別？

現代有關重大活動的新聞公報，在提及有哪些人士參加時，往往用「按姓氏筆畫為序」來排列名單。這裡的「姓氏」，指的就是姓。秦漢以後，姓氏合一，通稱為姓，一直延續至今。然而，在先秦時代，姓和氏則是有區別的。「姓」出現於母系氏族公社時期，由同一個先祖母傳下來，主要起著「明血緣」的作用，同姓不可通婚。「氏」則為姓的衍生分支。到了父系氏族公社時期，姓、氏則為父系民族或部落的標記。進入階級社會後，「氏以別貴賤」，氏成為貴族男子的專稱。春秋戰國間，社會發生大變革，姓氏制度也出現混亂，姓氏逐漸混同。到了兩漢，姓已基本確立，與現在通用的姓大體相仿，然而辨別姓氏的事仍時有發生，最後姓氏不分。

19 名、字、別號有何區別？

所謂「名」，是社會上個人的特稱。古代早期的人名一般都很樸素，後來，隨著語言文字和文化觀點的發展，人名也越來越複雜。

「字」往往是「名」的解釋和補充，是與名相表裡的，故又稱「表字」。周代貴族男子年二十行冠禮，即結髮加冠，以示成年，也就是說，「字」是男女成年後才加取的，這表示他們已經開始受到人們的尊重。

「號」是別人的稱號，即人的別稱。封建社會中的士大夫特別是文人往往有自己的別號，如唐代李白號青蓮居士，宋代以後，別號之風尤盛。

籠統地講，名、字、號其實都是人的名稱，只是在取用的時候，才顯示出其間的不同。一般名、字多由父母長輩所取，其中多體現了長輩對子女的期望與想法。別號則是使用者本人起的，並不受家族、行輩的制約，可以更自由地寄託或標榜自己的某種情操，因而我們往往可以通過某人一生別號的更改，看到其思想在各時期的變化情況。

20 中華武術的由來是怎樣的？

中華武術是中華民族文化的組成部分，也是民族傳統體育的主要內容，具有與中華民族同樣悠久的歷史。

武術運動起源於生產鬥爭的勞動實踐。在原始社會，人類為了生存，不斷地增強自己的體質和智慧，不斷地改進狩獵、捕魚的工具，在這些改進中，人們也逐步學會了一些徒手搏鬥的技能，儘管是非常低級的，卻是武術的萌芽。此後，武術的內容、形式隨著中華民族歷史的演變和時代的變遷而不斷有所變化和發展。隨著生產工具的不斷改進，人們生活方式的不斷發展，武術中的很多技術也隨之提高。

人類進入階級社會以後，部落之爭不斷發生。人們為了在戰爭中獲勝，不斷地總結徒手相搏或持械格鬥的技能和經驗，並且隨著生產力的發展，不斷地改進著戰鬥武器，武術的內容也隨之得到充實。

21 針灸是如何起源的？

針灸是中醫學的重要組成部分。針灸包括針刺和灸灼兩種治療方法。針刺是應用特別的針具，施行一定的刺激方法作用於經絡穴道以防治疾病；灸灼是用艾絨等物薰灼經絡穴位以防治疾病。中醫用針灸防病治病的歷史源遠流長。其實，這兩種防病治病方法的出現，時間先後不一，起初也並不相提並論。

針刺所用的器具，有一個演變過程。起初不是由金屬製成，也不是針狀，只是一種被稱之為砭石的鋒利的石體而已。砭石治療疾病，這在《黃帝內經》中已有記載。

隨著生產力的不斷發展，針刺工具也隨之得到提高和改進，從砭石發展為骨針、竹針、陶針，金屬煉冶術發明後，被銅針、銀針代替。

古代人發明灸灼療法，大約和圍火取暖有關。人們在圍火過程中，發現火不僅能取暖，而且可以疏通血脈，甚至可以清除某些疾病，時有不慎，被火灼傷，反而減輕了某些病痛，於是，灸灼療法便逐漸被應用起來。

22 中國戲曲的起源怎樣？

中國戲曲不僅是中國而且也是世界藝苑中的一朵奇葩。中國戲曲劇種是世界上最多的，達三百六十種以上。它是集歌、舞、科、白於一體的綜合藝術，不僅表現力極其豐富，而且民族色彩極為濃厚。

中國戲曲起源較早，經過漫長的孕育和演變，在宋金時代才形成戲曲。

戲曲四大組成部分中，最早產生的是歌舞。原始社會的人們捕獲了豐盛的獵物或祭祀神靈時，都要伴之以歌舞。古代《說經》中有不少篇章是為當時歌舞而作的。

漢代是中國戲曲的孕育時期。漢代不僅出現了角觝戲，而且還有歌舞、雜技、武術。到了北齊，由角觝戲發展為帶故事的歌舞形式。

因此我們說，在這個時期，作為戲曲的歌、舞、科、白等部分已經大體具備。所以，我們認為，中國戲曲已經渡過了萌芽時期，開始向成熟和定型階段邁進了。而中國戲曲較為興盛的時期還是在唐代以後。

23 唐代評價美女的標準是什麼？

現代人評價女子是否漂亮美麗，首先的標準就是「身材好」，就是要瘦身細腰而高䠷，但是在中國古代的唐朝卻不是這麼回事。唐朝著名的貴妃楊玉環本人是一位有名的美女，但她卻是很肥胖的，而且深受皇帝的喜愛。因此，當時民間老百姓便以楊貴妃的身材和體型為標準去評價塵世間女子相貌的美與醜。女子生得越胖則越受歡迎，得到的評價越高，也就是我們現在所聽到的唐代女子以肥為美。唐人的這種審美觀點使得當時全國上下的女子都以此標準來要求自己，個個變得臃腫無比，成為當時的一大景觀。

楊貴妃

另外，此現象在當時的書畫文藝作品中也有所體現，尤其是在繪畫作品中。

24 和尚和尼姑是怎麼回事？

所謂的和尚其實主要是指佛教徒，而尼姑則主要是指出家的女子，一般也是要剃光頭的。

和尚的產生與佛教的引進幾乎同步，甚至還要超前。中國古代有南北少林寺，講的就是佛教上的和尚。而尼姑的產生則遠遠落後於和尚，因為當時女子有很少的權益，但有些女子也信奉佛教，或者對經書很感興趣，並且看破紅塵，不想再在俗世裡生存下去，因此也就有了剃髮為尼的故事。

和尚和尼姑與常人最大的不同便是生活，他們有很多的戒條和忌諱，並且幾乎不與外人往來，是一個相對獨立和孤立於俗世的集團，直至南北朝時因皇帝信佛，佛教才得以大力地發展發揚，使佛教從此走上了光大的道路。但是尼姑隊伍在中國還仍然是較為單薄的，這與女子權益在中國一直沒有受到與男子平等的對待有關。

和　尚

25漢字是怎樣產生的？

漢字是世界上歷史最悠久的文字之一。傳說伏羲畫八卦，為書契圖畫之始，黃帝的史官倉頡取形象而造字，這些雖不足信，但考古發掘的中國新石器時代的陝西西安半坡陶器上刻畫的符號，經研究認為是漢字的原始形態。考古資料與神話傳說相印證，表明漢字至今已有六千餘年的歷史了。

三千餘年前的甲骨文是一種具有嚴密規律的古文字。從商代的甲骨文到金文再到秦朝的小篆文，漢字經過長時期的發展變化，逐漸成熟，成為今天方塊漢字的基礎。

倉頡造字

漢字是中國古代勞動人民在勞動生活中逐漸孕育、選擇、發展出來的。漢字的產生以象形字為基礎。幾千年來，漢字在造字方法、字體結構和書寫形式上幾經演變，日臻完善，不但是中華民族一種獨有的完整的記事和交流表達感情的符號工具，而且成為一種獨特的藝術種類和審美現象——書法，具有濃厚的民族風格和較高的審美價值。

26古代的雜技情況如何？

雜技，漢代稱為「百戲」，隋唐叫「散樂」，雜技一詞，最早見於唐太宗時編的《晉書》。作為雜技種類之一的「馬戲」一詞，則在漢代的《鹽鐵論》中就正式出現了。

中國古代的雜技藝術，已具有兩千多年的悠久歷史。據史料記載，春秋戰國時期就已有其萌芽形式。

雜技在漢代已初步形成一種表演藝術，並且出現了魔術，馬戲在漢代也粗具規模。

魏晉南北朝時期，盛行幻術、馬戲和猴戲一類的雜技。其時北方流行一種稱為「猿騎」的節目，演員化妝成猿猴在馬上表演技巧。與此同時，跳刀、戴竿等雜技藝術也繼續發展。

隋唐兩代，雜技藝術有了更大的發展。隋煬帝曾集中很多樂工，傳授技藝。宋代的雜技不僅在城裡演出，而且遍及鄉村。宮內有百戲教坊，村落有百戲藝人。元朝的雜技也有一定的發展，直至清代。

27「二十四史」是指哪二十四史？

中國古代的紀傳體史書創始於司馬遷的《史記》。二十四史主要是指以下的書：

《史記》，西漢司馬遷撰，一百三十卷。《漢書》，東漢班固撰，一百二十卷。《後漢書》，南朝范曄撰，一百三十卷。《三國志》，西晉陳壽撰，六十五卷。《晉書》，唐房玄齡等撰，一百三十卷。《宋書》，南朝梁沈約撰，一百卷。《南齊書》，南朝梁蕭子顯撰，六十卷。《梁書》，唐姚思廉撰，三十六卷。《魏書》，北齊魏收撰，一百三十卷。《北齊書》，唐李百藥撰，五十卷。《周書》，唐令狐德棻撰，五十卷。《隋書》，唐魏徵撰，八十五卷。《南史》，唐李延壽撰，八十卷。《北史》，唐李延壽撰，一百卷。《舊唐書》，後晉劉昫撰。《新唐書》，宋歐陽修撰等，二百二十五卷。《舊五代史》，宋薛居正撰，一百五十卷。《新五代史》，宋歐陽修撰，七十四卷。《元史》，元脫脫撰，四百九十六卷。《遼史》，元脫脫等撰，一百一十六卷。《金史》，元脫脫等撰，一百三十五卷。《元史》，明宋濂等撰，二百一十卷。《明史》，清張廷玉等撰，三百三十二卷。上述二十四史，共計三千二百四十九卷，連綴起來，構成中國古代斷代史的總集。

28 懸棺葬是怎麼一回事？

「懸棺葬」就是利用木樁或天然岩縫把棺木懸置在懸崖峭壁之上，或者把棺木放在天然或人工鑿成的岩洞之中的一種葬法。懸棺的形制主要有船形和長方形兩種。

懸棺葬要耗費很大的人力、物力，是什麼觀念支配了人們的意志呢？比較基本的看法是：南中國的少數民族長期山行水處，自然環境決定了他們的生活環境和生活習性，也在他們的觀念意識中得到反映。懸棺一般放在靠山臨水的位置，棺形也有作舟行的。這表明亡靈對山水的依戀和寄託之情。至於把棺木放得很高，固然有有利的因素，可以防潮保屍，還可以防止人或獸的侵擾等，但是，其中觀念的成分還是主要的。

懸棺隱身在雲霧繚繞的峭壁之上，充滿了神奇的色彩，它沉積了往日失去的回憶。儘早解開懸棺葬之謎，對於填補中國古代乃至現代南方各少數民族研究的空白有著重大的意義。

29 什麼叫「天葬」？

「天葬」是中國古代一些少數民族安葬亡靈的方法，主要盛行於西藏等一些草原和邊遠山區。由於宗教的傳入，主要是喇嘛教思想的影響，人們認為人是上天賜予的，人死後其靈魂還要上天，但其肉體不能遭到非禮，最好的辦法便是讓人們早期的圖騰——鷹來幫忙。因為在西藏人民眼中，鷹是上天力量的化身，牠們能夠帶著人的肉體上天。

因此，每當人死後，其親屬便用白布裹起屍體用馬車拖到山頂的某個地方，到時推開馬車，人如果是面朝天，則是後世的幸福，若是背朝天，則是不幸的預兆。不久之後，天上便會飛來一群鷹，在幾分鐘之內將屍體瓜分乾淨，剩下一堆雪白的骨架，親人再用亂石將其骨架壘起來。這便是整個天葬的全部過程。

30 契丹人的葬俗是怎麼回事？

西元十世紀至十二世紀初，散居在遼河兩岸、長白山下的契丹族各部落，聚集在威震四方的軍事酋長耶律阿保機及其後裔的大旗下，東掠西征，北伐西侵，金戈鐵馬直逼淮水之濱，使北宋王朝的八代君主常常坐不穩金鑾殿。契丹人在中國古代政治、經濟和軍事舞臺上活躍了二百餘年，便迅速失去了蹤跡，完全融合在中華民族龐大的軀體之中了。

物換星移，人世滄桑，契丹人留給我們許多不解之謎。除了難以捉摸的古怪文字之外，更令人疑惑的要數他們特殊的葬俗了。

宋人文惟簡著《虜廷事實》中對契丹人的葬俗曾有所記：「其富貴之家人有亡者，以刃破腹取其腸胃滌之，實以香藥鹽礬，五彩縫之，又以朱葦筒刺於皮膚，瀝其膏血，且盡，用金銀為面具，銅絲絡其手足。」此記屬於軼聞史之類，在歷代史書中均無憑據。

然而，歷經數十年的考古發掘中，契丹貴族的墓葬越來越證實了上述「軼聞」並非虛構。

31 古代的「臥薪嘗膽」是怎麼來的？

春秋後期，吳越兩國興起於長江下游一帶，國土相連，累世結怨，相互攻戰。西元前四九六年，吳王闔閭攻打越國，兵敗負傷而死。其子夫差繼位，立志要為父報仇。西元前四九四，吳王夫差率領大軍把越國打敗。越王勾踐被迫派使臣前去吳國卑躬屈膝地講和，之後忍受奇恥大辱帶妻女到吳國去給吳王夫差當奴僕。

三年以後，勾踐被放回國。他回國後，立志洗雪國恥，為了堅定報仇之決心，晚上他竟不睡舒適的床鋪，而是睡在柴草堆上，用戈當枕頭，在屋裡還吊著一隻苦膽，每天早起後及晚上睡覺前，都要嘗嘗苦膽的滋味，以便使自己永志不忘。

越王勾踐臥薪嘗膽，發奮圖強，施行仁政，終於使吳國大敗而歸，夫差戰敗身亡。吳國被越國滅掉，勾踐做了春秋時最後一個霸主。

勾踐

32 名菜「涮羊肉」是怎樣得來的？

說起涮羊肉，這一美味佳肴已有七百多年的歷史了。它的問世是一個偶然的機會，據說元世祖忽必烈前往和林征討其弟阿里不哥，宿營途中，突然想起草原的美味——清燉羊肉來。於是就命令廚師宰羊，誰知正當廚師準備將羊肉下鍋的時候，忽然探兵來報：「敵軍蜂擁而來，離此不遠，已安營下寨，準備與我軍廝殺。」按照正常的烹調過程，清燉羊肉要有一個多小時的時間，然而在這大敵當前的緊急關頭，哪能坐等進餐呢？這時只見一個小廚師手持菜刀，將一塊生羊肉切成薄片，放在沸騰的水中，用飯勺攪拌了幾下，便急忙撈在了碗裡，爾後又加進了一些調料，送到忽必烈的面前。忽必烈饑不擇食，飽餐了一頓，感到這肉片清香爽口，格外鮮嫩。

忽必烈得勝還朝，嘉獎了這位廚師，並讓他做羊肉片大宴群臣。這位廚師便選取了上等的羊肉，又精心調配了多種作料，加入香油、麻醬、辣子、韭花等，使羊肉片的味道更加鮮美。群臣大飽了口福，忽必烈高興無比，便賜名為「涮羊肉」。

33 畢氏定理是誰發明的？

描述直角三角形三條邊關係的定理由古代人們在測量實踐中總結而得，在中國、埃及、巴比倫的文化遺產中均有所記載。中國古稱直角邊為「勾」與「股」，斜邊為「弦」或「徑」，因而將這條定理稱為「畢氏定理」。這條定理是誰首次在理論上闡明的呢？

有這樣一則故事：周公聽說商高精通數學，就問商高：古時候伏羲觀測天制曆法，而天無台階可攀，也難用尺寸度量，請問數從何而來？商高回答說是通過測量計算而得出的。而測量工具「矩」是將一條木頭按三、四、五比例分為三段做成的直角三角形，「折矩以為勾，廣三，股修四，徑隅五」，「故禹之所以治天下者，此數之所生也」。周公又「請問用矩之道」，商高詳細講解了各種用矩測量的方法。最後周公嘆服地說：「善哉。」

這段話不僅揭示了勾股間的關係，而且充分體現了中國古代數學的特點：形與數結合，理論與應用結合。

34 《左傳》是左丘明寫的嗎？

《左傳》又名《春秋左氏傳》和《左氏春秋》，它以十八餘萬字的篇幅生動地記載了西元前七二二年至前四五四年的歷史，是中國春秋時期一部著名的編年史。

《左傳》對歷史的記載與《春秋》對大事記錄的片言隻語迥然不同，它以餘事之工、文采之富而著稱。唐代劉知幾認為「其文典而美，其語博而奧」，盛讚其「工侔造化，思涉鬼神，著述罕聞，古今卓絕」。宋代司馬光把自己編寫《資治通鑑》作為上承《左傳》的事業。近代人們又把《左傳》看做是用文學的方法來敘史的歷史著作。所以《左傳》在史學史、文學史上都有重要的地位，千百年來傳誦不衰。

歷代均有人對《左傳》進行研究，然而由於上古史籍記載的闕略，人們竟然難以確定《左傳》的作者究竟是誰。通常的說法認為《左傳》是春秋末魯國左丘明所作，但是左丘明是怎樣的一個人，他的《左傳》與孔子的《春秋》關係如何，卻又聚訟不已。於是《左傳》到底是誰寫的仍是一個謎。

35 樓蘭古城今何在？

樓蘭，是中國古代郡國的一個重要城鎮，絲綢之路的一個樞紐，中西方貿易的一個重要中心。在戰爭年代，這裡也是中原與匈奴、吐蕃的必爭之地。樓蘭城曾經有繁榮的歷史。但是，唐代以後，這座著名的古城默默地從中國歷史上消失了。

中原地區知道樓蘭是從西漢時期開始的。西漢初年，大探險家張騫出使西域，跋涉萬里之遙，開拓絲綢之路。從此，人們才知道樓蘭的存在。然而，樓蘭從唐代開始失去了記載。到一九〇〇年，瑞典探險家斯文赫定終於找到了這座神秘的古城，並進行了挖掘。他們挖出了栩栩如生的佛像，找到了古代的錢幣、陶器，發現了三十六張寫有文字的紙片和一百多塊竹簡，以及具有美麗圖案的絲綢碎片。他們還發現了敘利亞出產的精致的玻璃器具和來自波斯的獅形器皿。顯然，這是一個邊境重鎮，具有中西文化特有的文化用品。

這就是古代有名的樓蘭城。

36 《山海經》是怎樣一部書？

在中國浩如煙海的古籍中，《山海經》以「怪」而出名。其中的怪事、怪物吸引和激發了無數學者的興趣和想像。

《山海經》的書名最早見於《史記．大宛列傳》，但司馬遷認為它荒誕不經，不能登大雅之堂，因此沒有怎麼說明。劉向、劉歆父子整理《山海經》並將它公布於世，以為是大禹、伯益治理洪水時所記。班固依劉歆《七略》作《漢書．藝文志》，把《山海經》列在「數術略」中探究地域、人、物等形狀以制其吉凶貴賤的「刑法類」之首，這是對《山海經》性質的最早說明。東漢王景治水，明帝賜以《山海經》、《河渠書》、《禹貢圖》。《山海經》被視為實用的地理書。到《隋書．經籍志》，《山海經》被冠以「地理類」之首，以後《舊唐書．經籍志》都把它歸為地理書。很長時間以來便形成了這樣的定論。

37 李白爲何要寫《蜀道難》？

《蜀道難》是唐代著名詩人李白的一首膾炙人口的作品，問世不久即不脛而走，獲得人們的高度評價。然而，有關李白創作《蜀道難》的主旨，歷代典籍記載不一。

有人認為，《蜀道難》是李白在長安為送友人王炎入蜀而作。從全詩的內容來看，李白是以從秦地到蜀地的路途中所經歷的情景為線索來展開描述的。開頭幾句是總寫，詩人用非常強烈的詠嘆語氣，表達了對蜀道艱險的總體驗。結尾意在與開頭相呼應，勸友人「**錦城雖雲樂，不如早還家**」，流露出了對朋友的深切關心和真摯感情。詩的主體部分則集中刻畫了蜀道的艱險。李白從山的高峻上干雲霄，山路的險阻難行，山林環境的危險及山地氣氛的愁苦等方面，通過豐富的想像和誇張的語言，竭力渲染了去蜀地沿途的艱險和環境的險惡，希望王炎不要長久滯留蜀地，早日返回長安。

38《長恨歌》是一首怎樣的詩歌？

帝、妃故事見之於文學作品的比比皆是。在中國歷史上流傳甚廣，最為著名的無疑要數唐明皇和楊貴妃了。他們幾乎進入了文學創作的各個領域。白居易的《長恨歌》更屬「千古絕唱」，是中國文學史上最廣為傳頌的長篇敘事詩之一。

唐玄宗和楊貴妃的愛情遭遇，以及歌頌他們愛情的純真的思想，在《長恨歌》中是「主導的，基本的」。白居易通過對李、楊愛情的描寫，歌頌了那種同人民的生活和人民的感情相一致的純潔無瑕的愛情，這在不合理的婚姻制度佔絕對主導地位的封建社會裡，無疑是具有進步性的。它和梁祝的民間廣泛流傳性一樣，屬於人民的精神情緒的表現。詩中雖也寫到李楊的荒淫誤國，但作者對此的諷刺和不滿，表現得並不明顯。

長生密誓

39 二十四橋何處尋？

晚唐詩人杜牧在《寄揚州韓綽判官》詩中寫道：「青山隱隱水迢迢，秋盡江南草木凋。二十四橋明月夜，玉人何處教吹簫？」這首詩的問世，使二十四橋成了昔日揚州禁苑繁華、風流盛事的象徵，同時，二十四橋也成了眾說紛紜而迄今尚無定論的一樁疑案。

唐人詩中除杜牧提及二十四橋外，尚有韋莊的《過揚州》，該詩句最後兩句是：「二十四橋空寂寥，綠楊摧折舊官河。」

有人說它是唐揚州橋樑的總稱。唐代的揚州是水鄉，其橋樑設施，不應由二十四座橋所局限。北宋時，揚州城區南移至蜀岡南麓的平地上，原在蜀岡上的唐城早成廢墟，沈括只看到以宋城區為中心的橋，而唐城區及其西北郊一帶的橋大多已無蹤跡。因此，如此看來，此「二十四」橋只可能是揚州府西湖裡的那座冠名為「二十四橋」的橋了。

40 杜牧詩中的杏花村指何處？

每年二、三月間，當一樹樹杏花綻蕾欲放或是紛紛盛開之時，一些遷客騷人難免會想到杜牧的《杏花村》一詩：「清明時節雨紛紛，路上行人欲斷魂。借問酒家何處有？牧童遙指杏花村。」

那麼，杜牧詩中的杏花村何在呢？

一說是在山西省汾陽縣。相傳自南北朝以來，汾陽即以產酒著名，享有「甘泉佳釀」之譽，天下杏花村之多難以勝數，而有這般名酒的杏花村確實獨在汾陽。

因此，著名的「杏花村」所在地一定是山西汾陽無疑了。

《牧童圖》

41 詞起源於什麼時候？

「古歌舊調君休唱，聽取新翻楊柳枝。」曲子詞的出現，給中國古代詩壇注入了一股優美芬芳的氣息。詩詞以它美妙的韻律，豐富的色彩，委婉的情調，不僅能作為一種重要文體與五七言詩抗衡，而且還以比詩更高的藝術魅力吸引著今天的讀者。

詩詞同源，古已有之。清代著名理論家汪森指出：「自有詩，而長短句即寓焉。《南風》之操，《五子之歌》是已。周之《頌》三十一篇，長短句居十八，……是非詞之源乎！」他認為

《詩經》中長短句相雜的詩就是詞的雛形，有詩就有詞，這種提法的出發點，一方面是注意了長短句這一特徵，另一方面也是為了糾正不少人把詞視為「小道」的傳統偏見，提高了詞的地位。

42 蘇老泉是蘇軾還是其父蘇洵？

蘇洵號「老泉」，又稱老蘇，是蘇東坡的父親，這是南宋以來傳統的說法，似乎已成定論，其實不然。清代學者對此紛紛質疑，認為「老泉」是蘇軾之號，蘇老泉即蘇東坡。宋朝末年出現的《三字經》中記載：「蘇老泉，二十七，始發奮，讀書籍。彼既老，憂悔遲，爾小生，宜早思。」此書相傳為南宋王應麟編撰，一說是宋末廣東人區適子所作，後由另一個廣東人黎貞續編加注。注說：「蘇洵，字明允，號老泉，蘇軾之父。」由於《三字經》為孩童啟蒙讀物，流傳極廣，從此「蘇老泉即蘇洵」之說深入人心。

最早提出疑問的是明代學者郎瑛。他在明嘉靖年間所著《七修類稿》中，明確提出「老泉為子瞻號」。他寫道：「老蘇號老泉，長公號東坡，人所共稱也。」而葉少蘊《燕語》云：「蘇子瞻謫黃州，號東坡居士，其所居之地也。晚號老泉山人，以眉山老苗有老翁泉，故云。」據此，則老泉又是子瞻號矣。

43「白蛇傳說」從何而來？

敘述宋代書生許仙和蛇仙白素貞愛情悲劇的白蛇傳說，以曲折優美的情節，鮮明生動的形象和充滿人情味的情致，成了中國家喻戶曉的民間四大傳說故事之一。

許多專家認為，中國古代的蛇妖故事及崇拜龍蛇的民俗風尚，蘊藏著白蛇傳說的基礎或「原型」。由於各人所依據的材料不同，說法略有差別。戴不凡在《試論〈白蛇傳〉故事》一文中查考了《淨慈寺志》記載：宋時該寺附近山陰曾出現巨蟒，並出現過會變女人的害人妖精。推論說：雷峰塔遷在淨慈寺附近，《白蛇傳》可能與這個傳說有些關係。

這應該就是「白蛇傳說」故事的最早源頭了吧！

《白蛇傳》

44《康熙字典》所收字數有多少？

成書於康熙五十五年的《康熙字典》，是中國當時收字最多的一部字典。在二百多年後的今天，這部字典對於我們學習古漢語仍有很大的作用。那麼，這部著名的字典到底收了多少字呢？

劉葉秋著的《中國字典史略》說：「《康熙字典》共收字四萬七千零三十五個……」該段文字的注釋說：清汪汲撰《字典紀字》一卷，對於《康熙字典》的字數曾作詳細的統計。古《冷市雜識》卷二「字典」云：「字典十二集，二百十四部，旁及備考，補遺，合四萬七千三十五字。」所說「字典」即指《康熙字典》。

45 封建士大夫爲何偏愛竹？

竹，是一種很普通的常綠木質長桿植物，因其用途廣泛而深受中國人民尤其是南方人民的喜愛。奇怪的是，這一平常的植物居然頗得中國封建士大夫的青睞。古往今來，不知有多少文人騷客、丹青妙手喜歡詠竹、畫竹，把它與「梅兄松叟」並譽為「歲寒三友」。愛竹，幾乎成了中國士大夫的一種傳統文化心理表現。因為竹被視為「清高」的象徵，所以士大夫們好以竹自詡。這種普遍為人們接受的說法似乎已經成了定論。

其實，有關士大夫為何愛竹的說法中，著名的已故史學家陳寅恪先生認為，魏晉南北朝士大夫愛竹，「疑不僅高人逸志，或亦與宗教信仰有關」。這裡的宗教信仰是指「天師道」，即中國土生土長的傳統宗教——道教。

46 中國古代男尊女卑的觀點是怎樣形成的？

在中國封建社會以前，一直都存在著這樣一種舊的思想觀念，即男子尊貴於女子。女子在社會上、家庭中、政治上幾乎沒有什麼權利可言，直到近代，女子的權益才得以保障。那麼，這種「男尊女卑」的觀念到底是怎樣形成的呢？事實上，在人類社會初期，即母系氏族社會時期，女子的權利是大於男子的，隨著生產力的進步和生產技術的提高，男性在生理上的一些優勢逐漸在生產生活中體現了出來，他們身強力壯，能夠承擔更多的勞動任務，女子要生兒育女，因此地位受到了很大的衝擊。最終女子的主體地位被男子所取代，進入了父系氏族社會。從此男子在生活中佔了主導地位，女子必須依靠男子生活，為他們生育子女，縫衣做飯，並滿足男子的生理需要。在生產實踐中，男子逐漸形成了強烈的征服和佔有欲，而女子也相應地形成了依賴和順從的天性。自此，這種男尊女卑的社會習慣貫穿了整個封建社會，一直被沿用下來。

47 小喬眞墓在哪裡？

漢末建安三年，東吳孫策欲取荊州，令周瑜為江夏太守，發兵攻佔安徽皖縣，得避亂隱居在那裡的喬玄的兩個女兒，就是大喬和小喬，一雙姐妹生得貌若天仙，堪稱絕代佳人。大喬嫁孫策，小喬嫁周瑜。

小喬和周瑜恩愛情深，十二年病死。之前小喬為晚年的生活計，把有奉邑享受的巴陵作為理想的歸宿之地。小喬死後，也就安葬在那裡，她的墓今在岳陽市第一中學後花園內，據說這是當時周瑜的都督府。到一九一四年，小喬墓上還有一棟墓室，現在尚留有一塊橫刻隸書「小喬墓廬」的石碑，保存於岳陽市文物管理所。

48 華佗有哪些醫術貢獻？

華佗（約西元一四一～二〇八年）是中國歷史上著名的醫學家。關於華佗的精湛醫術，歷史上流傳著種種動人的傳說，如他為三國蜀漢大將關雲長刮骨療毒的故事，老幼皆知；他編制了中國歷史上最早的一套醫療保健體操——五禽戲，一直流傳至今；而他發明、運用中藥麻醉劑——麻沸散，進行開腹手術的事蹟，更成為千古流傳、膾炙人口的美談。在西晉陳壽撰著的《三國志·華佗傳》和南朝宋范曄所著的《後漢書·華佗傳》中，都有關於華佗用麻沸散進行開腹手術情況的詳細描繪。《後漢書·華佗傳》記載：華佗遇到病人「若疾發於內，針藥所不能及者，乃先用酒服麻沸散，即醉無所覺，因刳剖腹背，抽其筋骨……」。

從上述這段記載來看，華佗進行手術的過程大致與現代外科手術過程相符合，即先用麻沸散對患者進行麻醉，然後才開腹進行手術，割掉病變的部分，再行縫合，最後敷以「膏藥」並進行傷口包紮。

華佗因此被後人譽為「中國醫學史上外科的開山鼻祖」，「世界上最早發明麻醉劑和首創開腹手術的醫學家」。

華佗

49 世上最早的雕版印刷品是什麼？

雕版印刷術是中國古代四大發明之一，它的出現，擺脫了人工謄抄書籍的局面。然而，雕版印刷術究竟產生於何時尚無定論。

凡欲讀經先念淨口業真言一遍
修唎 修唎 摩訶修唎 修修唎 薩婆訶
奉請除災金剛 奉請辟毒金剛 奉請黃隨求金剛
奉請白淨水金剛 奉請赤聲金剛 奉請定除災金剛
奉請紫賢金剛 奉請大神金剛
金剛般若波羅蜜經
如是我聞一時佛在舍衛國祇樹給孤獨園與大
比丘衆千二百五十人俱介時世尊食時著衣持

《金剛經》

雕版印刷的出現是中國歷史上印章與拓石結合的結果。所謂拓石就是用紙在刻有文字的石碑上拓印。人們把堅韌柔軟的白紙先用水浸濕貼在石碑的文字上，然後用碎布、帛等紮成的小槌子，在紙上輕輕地均勻捶拍，再刷上一層墨汁，略乾後揭下紙張，就成了黑底白字的讀物。一九〇〇年在甘肅敦煌千佛洞發現了一冊印刷的《金剛經》。其末尾寫道：「咸通九年四月十五日王輪為二親敬造普施。」這是目前世界上最早有明確日期的印刷物。《金剛經》成卷子形，長約一丈六尺，由七個印張黏接而成，卷首為一幅反映釋迦牟尼對弟子說法故事的畫，其餘部分為《金剛經》的全文。有位學者在對實物進行分析後指出：「這書雕刻非常精美，圖文都渾樸凝重，刀法純熟，足以證明這是雕刻技術已達高度熟練時的產物。」

50 中國造紙始於何時？

造紙術是中國古代四大發明之一，但究竟誰是紙品發明者呢？人們通常是說東漢的蔡倫。其依據是范曄的《後漢書》：「倫乃造意用樹皮麻頭及蔽布、漁網以為紙，元光元年奏上之。帝善其能，自是莫不從用焉，故天下咸稱蔡侯紙。」這裡范曄使用的「造意」一詞，包含有發明創造的意思。因此人們往往把蔡倫向漢和帝獻紙的西元一〇五年作為紙的誕生時間。

蔡倫

《後漢書》關於蔡倫造紙的說法與其他古文獻記載有很大出入，關於蔡倫事蹟的最早歷史記載，當推東漢時官修的國史《東漢記．蔡倫傳》。但其中對蔡倫造紙一說也並沒有加以否認，因此，在現在的資料還不足以推翻這一結論的情況下，還應該承認「蔡倫造紙」是事實。

51 《蘭亭序》是怎樣寫出的？

在中國書法發展史上，東晉書法家王羲之可以稱得上是一個承前啟後的人物了。他博採眾長，精研體勢，推陳出新，一變漢、魏以來質樸的書風，創造出妍美流變的新體，為歷代學者所崇尚，被尊為「書聖」。而《蘭亭序》則為王羲之的代表作。

東晉永和九年三月三日，王羲之與謝安、孫綽等當時名流四十一人，在山陰蘭亭作詩行樂，王羲之揮毫作序，用的是蠶繭紙、鼠鬚筆，其貼為草稿，用行書寫成，書法遒勁逸健，是王書中最為得意之作。後來這一珍品為唐太宗所得，並斷定是王羲之的真跡，後來《蘭亭序》曾被趙模、韓道政、馮承素等人摹寫副本，賜給太子、諸王、近臣。以後臨摹各有所別，所以種類繁多。

52 李白出生在哪裡？

對中國古典文學稍有了解的人，幾乎沒有一個不知道李白的。可是，這樣一位大詩人，他出生於何地？古往今來，眾說紛紜。

李白的同時代人，如李白的朋友、唐代有名的書法家李陽冰，李白的詩友、李白詩文集《李翰林集》的編者和序言作者魏萬，李白好友范倫的兒子范傳正等人都認為李白是蜀人。

李陽冰在《草堂集序》中寫道：「李白，字太白，隴西成紀人，……神龍之始，逃歸於蜀。」范傳正在《唐左拾遺翰林學士李公新墓碑》中也寫道：「公名白，字太白，其先隴西成紀人……神龍初，潛還廣漢，因僑為郡人。」

讀一讀李白的詩文，也可以看到，這位大詩人自己也認為自己是蜀人。

53 「士」是怎樣的社會階層？

「士」這個稱呼在中國起源很早，在先秦典籍中它具有多種含義。中國古代往往稱男子為士，故《詩經》常以士、女對稱。商周時期，士既泛指包括諸侯在內的各級貴族，「經濟多士，秉文之德」，又專指貴族的最低等級。此外，西周春秋時的自由農民也可稱為「士」，「地廣大，荒而不治，此亦士之辱也」，因為士的本義與農業生產有密切聯繫，士從「十」從「一」，像以物插入土中。《說文》：「士，事也。」這裡的事指農事，故知士為耕作者。

但在多數場合，士常指具有一定身分地位、擔任一定職務的特殊社會階層，它是中國奴隸社會到封建社會初級階級結構中的等級之一。

54 什麼是宦官？

宦官又稱侍人、奄（閹）人、中官、內侍太監等，它是中國封建專制主義政治體制特有的產物。

宦官產生於何時，史無明文，但推測起來可能產生於奴隸社會的晚期。因為只有在奴隸主階級內部等級差異制度化和醫學發展到相當的水準，才能使奴隸主階級的貴族上層擁有大量的妻妾，才能驅使生殖器被閹割的男子為其本人及家屬勞作服役。

儘管宦官地位低賤，但因為他們是君王的近侍，可以比一般的外臣更容易受到君王的寵信，所以能對君王施加某些影響，甚至干預政事。從春秋時期起，外臣和貴族勾結宦官以謀取權勢甚至發動宮廷政變的事，屢見於史載。秦代的宦官趙高與丞相李斯合謀擁立胡亥，然後又專擅朝政，指鹿為馬，終於殺死秦二世胡亥，另立子嬰為秦王的故事，就更為著名了。

嚴格地說，東漢以前擔任宦官職位的並非都是刑餘之人，有一些士人也能任宮內之職。東漢以後宦官全用閹人，歷朝相承，遂成定制。

55 中國古代銅鏡是怎樣做的？

鏡子，是日常生活中的必需品。現在我們常用的玻璃是近代由西方傳入中國的，中國古代的鏡子則是用銅製作的，銅鏡古稱「鑒」，宋代為避宋太祖祖父趙敬的諱，將「鏡」字改為「照」，銅鏡因而又稱為「照子」。古代銅鏡一般呈圓形，鏡面打磨光亮後用來照容，鏡堵上有鈕和花紋。

戰國　五圍五山紋銅鏡

最初，人們是用水來映照自己的面貌。據文獻記載，銅鏡的起源可追溯到古史的傳說時代：「(黃帝)鑄鏡……為十五面。」這兩面鏡子都是圓形具鈕，一面為素鏡，一面為七角星紋鏡，形制原始，但已具備後期銅鏡的特點，這是目前中國最早的銅鏡。

商周銅鏡背大多為橋形鈕，花紋仍屬幾何圖案，有的鏡面微凸，凸面鏡在漢代較為流行，可能殷人已懂得了直徑較小的鏡子必須鑄成凸面才能照得更全面的科學道理。西周以素面鏡為主，西漢銅鏡逐漸厚重，東漢至魏晉時則出現了一些新的鏡形，而到了唐朝，鏡子就富麗堂皇了許多。

56 中國古代有沒有雨衣？

蓑衣和笠帽，是中國先民的最早「雨衣」。

蓑衣，最初是用草編織而成的擋雨器具。中國在上古時期，人們為了抵擋風雨的侵擾，起初只是用野草裹住身子以遮雨水，久而久之形成了蓑衣。春秋戰國時代，百姓

蓑 衣

在下雨天通常是身著這種草衣來從事勞作的。蓑和笠的關係，如同今天雨衣和雨帽的關係，所不同的是「笠」的製作原料是竹子，而不是草。而且「笠」晴雨兩用，既可以避風雨，也可以防烈日酷暑。

中國古代另一種常用的雨具就是「傘」。亦作「繖」，《正字通》說：「傘，禦日避雨，可以卷舒者。」先秦時，傘又稱為「簦」。中國遠在夏商周三代時已發明了雨傘。據《事物紀厚》、《六韜》曰：「天雨不張蓋幔，周初事也。」《通俗文》曰：「張帛避雨，謂之『繖』，蓋即雨傘之用，三代已有之。」所謂「張帛避雨」，即是用布帛製作的雨傘。

57 中國古代是怎樣使用香料的？

所謂香料，是指在常溫下能發出芳香的有機物質。天然香料一般從植物或動物體內獲得，在日常生活中，香料的應用很廣泛，除用於醫藥保健外，還用於烹調和化妝等許多方面，至於宮廷典禮和宗教活動中，香料更是不可缺少的常物。

香料的使用方法，最早是直接將芳香物掛於衣間房中，使其自然揮發。稍晚一點，用火焚，就是靠溫度把芳香蒸送於空氣中，叫做「薰香」，中國早在漢朝時已用此法。用於日常起居，清潔空氣的「薰香」，一般使用特製的香爐，焚香時，香氣自爐中冉冉而出，浮漾於室內。

古代用香料，還講究各種香的配合，以造成種種不同的香氣，古書中曾記載了許多配香的「香方」，是人們長期實踐、行之有效的配方。這些對我們今天的香料製造業來說，是一份彌足珍貴的遺產。

58 中國漆器的起源和發展情況怎樣？

中國漆器的生產和應用有著悠久的歷史。由於中國自然條件優越，漆樹生產面廣，是世界主要生產和出口漆的國家。漆的原料是從漆樹皮下割取的乳灰色液汁，它在空氣中氧化後逐漸變成黑色，經煉製後就成為具有透明、防腐、耐酸等特點的天然漆。如果再調和以金銀紅綠黑白黃等各種顏料，就可製成各種色彩鮮豔瑰麗的顏色漆，用以製作各種漆器了。

在人類物質文明發展史上，漆汁的利用最早應該是用於生產工具的黏連、加固，然後才有漆製的日用品和帶紋飾的漆工藝品。一九七八年，浙江省河姆渡地區發現了一處距今約七千年的原始社會晚期的遺址，在其第三層的文化層裡發現了一件造型美觀的木胎漆碗，它是目前發現的年代最早的一件漆器。

59 中國古代的刺繡藝術何時開始？

刺繡是中國獨特的傳統工藝品，中國的刺繡有著悠久的歷史。早在秦漢時期，刺繡的工藝技術就發展到較高的水準，它和絲綢是漢代封建經濟的重要支柱，也是古代絲綢之路上對外輸出的主要商品之一。它對紡織工藝技術和豐富世界的物質文明做出了重要的貢獻。

中國的刺繡技術是用繡針引彩線，按設計的花紋和色彩規律，在繡料上刺綴運針，以繡跡構成花紋、圖像或文字表達藝術效果。刺繡古稱「針黹」，在細葛布上繡花稱「絺繡」。

傳說堯、舜、禹時代，就在衣服上作畫刺繡了。古代禮服上刺繡紋飾，主要起源於原始氏族部落的圖騰形象，以天上人間的自然景物為代表。中國最早的繡紋針法是鎖繡，是由繡線環圈鎖套而成，因其繡紋似一根鎖鏈而得名，有的外觀又像髮辮。在三千多年前河南安陽殷墟婦好墓出土的銅角單黏上粘附著菱形鎖繡的殘跡。

刺　繡

60 古人怎樣稱呼自己？

從社會生活的需要或禮節出發，古人在人際交往的自稱方面形成了一套頗為嚴格的規矩。一般說來，在相互的交往或言談中，凡是提到自己的則用謙稱或卑稱，自稱除了直接用自己的名字以外，還有其他的一些謙稱，最常見的就是稱自己為「鄙人」。「鄙人」的本意是指居於郊野的農人，引申為無地位、無文化之人，即所謂鄙俗之人，古人常用來表示自己地位不高，見識短淺。與「鄙人」相類似的謙稱還有「臣」、「妾」、「僕」等，這些本是殷周時對奴僕的稱呼，所謂「男人為臣，女人為妾」，地位最為低下。但後來也被用作自謙，一般男子自稱臣、僕，女子自稱妾。

在古人的自我謙稱中，使用較廣的還有「不才」、「小人」、「不佞」、「不敏」等幾種。

61 古人是怎樣相互稱呼的？

古人在相互稱呼對方時，往往用尊稱（除了關係交惡有意侮辱對方外）。最早的尊稱是「父」，「父」的本義是指父系氏族社會中司火的長者，以後遂成為男子的尊稱。比如孔子的祖父是貴族，叫正考父，別人尊稱其祖父為尼父，而通常所說的「父老兄弟」中的「父」，也是對年長男子的尊稱。

此外，「公」、「子」、「長者」，也是古時常用的尊稱。某父親對兒子說話，有時也以「公」相稱。至於「子」的稱呼，古代也很多見，如春秋時孔子、孟子、莊子等都是尊稱，後代則多以子來表達學生對老師的敬意。

在古代官場中，還有一些專用的尊稱。如君稱臣為「卿」、「愛卿」，臣稱君為「陛下」、「聖上」，同樣，殿下、閣下、執事等稱呼也是如此。不過有些官場的尊稱，後來運用的範圍已不像開始那樣嚴格，如「閣下」這種尊稱，已成為今天禮儀性場合通用的尊稱了。

62 漢族是怎樣形成的？

中國是一個統一的多民族國家，除了人口最多、分布面積最廣的主體民族漢族以外，還有五十多個少數民族，無論哪一個民族都是由許多民族、部落和其他民族成員在漫長的歷史過程中逐漸融合而成的。就拿漢族來說，它就是在不斷吸收少數民族的優秀文化因素，融合少數民族的過程中，逐漸發展成中國人口最多、遍布全國大部分地區的主體民族。

在漢族的形成史上，曾經有過三次較大的民族融合。第一次是從春秋戰國到秦統一為止，其結果是形成了華夏民族共同體。第二次是在魏晉南北朝時期。宋遼金元時期是中國歷史上第三次民族大融合時期。在中原地區三次民族大融合的同時，以華夏族為主的統一的多民族國家的版圖也不斷擴大。

明清時期，雖然沒有大規模的民族融合，但漢族仍然有所擴大。清朝滿族掌權，儘管上層貴族竭力要保持其民族特性，採取了不與漢族通婚等一系列措施，卻仍然無法阻止民族大融合的進程。現今的漢族就是在這個基礎上發展而來的。

63 中國古代的灶神是指什麼？

灶神又稱灶君、灶王爺、灶王菩薩。古代傳說中的灶神主要有三個：一是炎帝，二是祝融，三是黃帝。中國古代對灶神的崇拜，實際上是對火的崇拜。周代天子的「七祀」中，就有「灶」一祀，當時平民百姓允許立一祀，「或立戶，或立灶」。可見遠在周代，無論王公平民，灶神都是非常重要的崇拜對象。秦漢以後，人們對灶神的崇拜有增無減，世間傳言「灶神晦日歸天，白人罪」，因此民間在「晦日」（臘月三十日）或臘月二十三日要用飯肉魚酒等敬灶神，希望他酒醉飯飽後上天只講好話，不吐惡言。以後敬神還要用麥芽糖、膠糖等甜食，目的是封住灶神的口，據說如果不這樣，一家人都會遭殃。這種由崇拜原始的火神發展而來的灶神崇拜，是中國古代延續至今的一種崇拜習俗。

64 什麼是佛藏？

佛藏即大藏經，乃是彙集佛教一切經典成為一部全書的總稱。古時也作「一切經」，因為內容主要是由經、律、論三部分組成，所以又稱為「三藏經」，略稱「藏經」。其中，經是佛為指導弟子修行所說的言教；律是佛為他的信徒制定的日常生活所應遵守的規則；論是佛弟子們解釋和研究教義的著述。「藏」有容納、收藏的意思，係印度梵語的意譯。

灶王爺、灶王奶

灶　神

佛教三藏的分類起源很早。相傳釋迦牟尼去世後不久，他的弟子們為了永久地保存他所說的教法，開始進行遺教的結集，即通過會談的方式，把他說的話加以統一固定下來，佛教的藏經是經過幾次結集會議才形成的。

65 基督教是怎樣傳入中國的？

基督教在西元六三五年傳至唐朝的首都長安。當時來華的傳教士阿羅本屬於基督教的聶斯脫利派，這是一個被基督正統派視為異端的教派。西元六三八年，它被准許公開傳道，並由朝廷出錢在長安建立了一所寺院。該派在傳入以後，曾「寺滿百城」，「法流十道」，興盛過一段時間。唐人對基督教的理解較模糊，先後稱之為「波斯胡教」、「經教」、「景教」。唐時崇奉景教的大都是西域商人和少數貴族，傳教士也幾乎全是敘利亞人和波斯人。西元八四五年，唐武宗下詔禁止佛教、景教、摩尼教，祆教也同時被禁止，從此一蹶不振，不久在漢地消失。基督教傳華史上，一般將唐代傳入的景教看做是基督教傳華的第一時期。

66 中國寺院的建築怎樣？

中國漢族地區佛寺的布局，基本上是採用了中國傳統的院落形式，形成了特有的民族風格。這種院落式的佛寺現在全國各地都可以看到。一般從三門（寺院正門）起在一條南北中軸線上，每隔一定的距離就布置一座殿堂，周圍有廊屋或樓閣圍繞。最早的佛寺建築仿照印度式樣，以塔為寺的主體，建於奪門之內，佛殿之前。晉唐之後，奉佛像的佛殿逐漸成為寺院的主體，塔反退居次要地位，建於佛殿之後，還有將塔建於寺院旁，另成塔院的做法。

寺院的正門，一般都是三門並立，中間一大門，兩旁各一小門，以象徵「三解脫門」，即空門、無相門、無作門，所以稱三門，也有寫作山門的。在門的兩旁塑兩大金剛像，此即手持金剛杵警衛佛的夜叉神。

三門的第一重殿是天王殿，天王殿前，一般有鐘鼓兩樓對峙。大雄寶殿是正殿，大雄是稱讚釋迦牟尼威德至上的意思，大殿之前，左右又有伽藍堂和祖師堂相對。中國現存最古老的佛寺是五臺山的南禪寺和佛光寺。

67 中國古代爲什麼要造塔？

塔起源於印度。最初它是佛家弟子們為了藏置佛祖的舍利和遺物而建造的。據《釋氏要覽》記載，佛祖釋迦牟尼圓寂後，他的弟子阿難等將其遺體火化。結果，佛的遺體結成各色晶瑩的珠子，當時摩揭陀國人和釋加族等八國將這些珠子分為八份，各在他們的本土上建塔安奉。

西元一世紀前後，這一宗教建築形式隨同佛教一起傳入中國，中國早期的佛教建築，就是沿襲印度式樣，以塔為中心的建築。隨著佛教的中國化，佛寺中另外建造了佛殿來供奉佛像供教徒膜拜，塔則退為較次要的地位。這時塔結合了中國建築的傳統，形制有了很大的改變，其主體為樓閣式多層建築，不僅供佛，還可遠眺，這些塔已完全成為中國形式的宗教建築了。因佛教徒使用「七寶」裝飾塔，故又稱「寶塔」。

銀山塔林

長　城

68中國舉世聞名的「萬里長城」是如何建造的？

長城是中華民族的驕傲，人類建築史上的奇蹟，人們乘坐太空船遨遊太空時，也能見到中國人民的偉大創造。

人們一般認為長城是秦始皇修的，誠然萬里長城能夠綿延萬里，連成一線，是由秦始皇完成的。但是，據史書記載，長城遠在秦始皇統一中國以前就開始修建了。

古時打仗，主要靠的是步兵、騎兵、馬拉戰車，因而城牆關隘對於防守有著至關重要的意義。戰國時的秦、趙、燕等國為了防止北方匈奴游牧民族的侵擾，保衛中原地區的生產和生活不受破壞，相繼在各自的北部邊境修築了高大的長城，共有三條，雖互不相連，卻為秦始皇修萬里長城打下了基礎。

69 中國古代的足球是怎樣的？

足球運動在古代稱為蹴踘，是一種深受人們喜愛的體育活動。最初的足球用皮革製成，裡面用毛充填，唐代以後，發明了用「八片實皮」砌做的灌氣的足球。古代經常舉行足球比賽，比賽勝負以踢入球門球數的多少為定。歷代球門形制不一，在宋代，球門架在三丈高的空中，大小只有一公尺左右。在古代，足球運動還包括個人表演和競賽。唐代顯慶宮中一位道士，球藝十分高超，和數人對踢，應付自如，單人表演時，也能熟練地使球繞著身子轉，長時間不落地。足球運動廣受人們歡迎，連婦女、兒童也投身進去。故宮博物院中收藏的宋代陶枕以及明代五彩和青花瓷中，都畫有婦女兒童喜踢蹴踘的情景。

70 中國古代的摔跤運動有何特點？

摔跤是一種較量力量和技巧的對抗性運動，相傳起源於原始社會末期，古稱角抵、

蹴踘圖

角力，以後又稱為相撲、貫交、交力。最初是一種頭戴中角，模仿野牛動作相抵的遊戲，以後逐漸變為角力的體育項目。在漢代，角力成為經常表演的一項競賽活動。晉隋以後，角抵已成民間風俗，比賽定期舉行。唐時規定，每年舉行兩次角抵大賽，日期在元宵節和中元節。比賽時，左右擂鼓助陣，優勝者獲獎而歸。宋代相撲，更有女子參加，而且在公共場所還常常舉行賭彩的「露臺爭交」比賽，舊小說中描寫的打擂臺，就是這種場面。

71 古人的「煉丹」指的是什麼？

煉丹是道教的一項主要宗教活動，它源於先秦方士的神仙方術。據資料記載，早在戰國秦漢時期就有統治者招致方士尋求「不死之藥」之事。方士們認為「仙人食金飲珠，然後壽與天地相保」。因而研究以丹砂冶鑄黃金之法，若「黃金成，以為欽食器則益壽」，這就是所謂的「金丹術」。秦漢時期不乏有人直接餌服金屑而喪命的例子。於是方士們轉而講求煉製神丹，或直接餌服，或用以點化藥金，再餌服以求長生，於是方士的煉丹方術中，就

明代方士煉丹圖

有了「金丹術」和「黃白術」之分，在煉製「黃白」的人中，也有的不是為了長生，而想以此謀利發財。約在此前後，道教開始興起，神仙方術被道教承襲，作為宗教修煉之法，創五斗米道的張陵即曾以《黃帝九鼎丹經》傳弟子。

中國的煉丹術還具有世界影響，大約在唐代中期甚至更早，即已通過阿拉伯人傳往西方，中世紀歐洲的煉金術的來源之一，就是中國的煉丹術。

72 中國古代主要有哪些樂器？

中國古代樂器分吹、拉、彈、打四大類。發展的程式是，先產生打擊樂、吹奏樂，後產生彈弦樂，最後產生拉弦樂。

在原始社會時期，首先產生了打擊樂、吹奏樂，它們直接來源於先民的狩獵生活。樂器本身常常有鮮明的生產功能色彩，既是勞動工具，又有審美特徵。

在奴隸社會時期，中國樂器有了大規模發展。隨著社會分工和手工技藝的發展，樂器從生產工具中獨立出來，被賦予專業化的意義。這時出現了青銅器、彈弦樂、八音體系。

到了封建社會時期，樂器較之前代有了更大的發展，其主要特點表現為大量地採用外來樂器。雖然這些樂器的名稱一般留有譯音的痕跡，但它們經中國音樂家的消化、改造，最終又成為中國自己的樂器。

中國各代的主要樂器，形成了東方樂器特有的體系。它在歷史上曾得益於各國文化交流的成果，也曾接受各代能工巧匠的改造、利用和發明。

73 中國古代的「看風水」是什麼意思？

看風水是中國古代社會中流行頗廣的迷信行為，其基本內容是：在選擇宅基和墳地時，必須注意該地的風向山水，合者得福祿，不合者遭禍殃。因此，它又稱為「相地術」或「地理之學」，舊時社會中專營此道的職業者稱「風水先生」。

看風水作為一種迷信活動，約產生於戰國末年燕、齊一帶方士之中。在此之前，人們在營宅下葬時，對地形與時日雖有所選擇，但多與宗教禮俗相關聯，而燕齊方士則以陰陽五行附和人事，有關的迷信禁忌也就應運而生。漢代已經有了許多將陰陽五行貫穿於社會各種活動之中的著作，其中與風水有關的大致有二派，一派是形法家，一派是堪輿家，亦稱「日者」，講究下葬立宅的時令。

東漢以來，這種迷信思想就在社會上傳開了。

74 古代的「算命」是怎麼回事？

「算命」又稱「算八字」，根據人出生的年月日所支配的干支，依五行生克來推算吉凶的占卜。起於以五星七政為推算根據的星命學，經唐代李虛中改制，至五代徐子平時確立。這一占卜術影響很大，《紅樓夢》第八十六回，就有了關於算命的詳細記載。

中國是一個農業國，又是一個有封建制傳統的國家，人們對自然的依賴和對專制力量的從屬，使他們特別迷信昭示神靈的星相占卜。中國的每一種意識形態產品，都同占卜發生了深刻的聯繫。譬如天文學同陰陽五行教術的聯繫，心理學同夢占的關係等等。因此，了解了中國古代的星相占卜，才能再了解中國的古代文化。

中國古代星相占卜的發展是和中國的經濟、政治、科學文化的發展同步的。與古代的傳說時代或圖騰時代相對應，中國的巫術有一個前兆迷信的階段。到社會分工趨向細緻，巫術有人專掌以後，原始占卜便成為成熟占卜，出現了殷周時代龜策之術的繁榮。到宋代，儒學進一步宗教化，與佛、道二教鼎立，在這種形勢下，各種占卜術也走上了宗教化、流派化的道路。這些情況表明，中國的星相占卜史，可以看做是中國文化史的一個縮影。

75古代的「巫術」是指什麼？

幻想通過喚醒附著於某一具體物體或個人身上的一種超自然的神秘力量，從而對這些物體或個人施加影響與控制的行為，就是巫術。巫術與宗教之不同在於它不涉及神靈觀念，宗教以一個超自然的世界——上帝、神靈、魔怪圖騰為其崇拜對象，它追求的是對人類精神的自我慰藉；而巫術既不以客體為崇拜對象，又不依神的力量行事，而是認為只是按照一種固定程式做出動作，便能實現對客體加以控制的目的。從功能來說，巫術的力量在於實用，而宗教的力量在於信仰，宗教比巫術更多地滿足了人們各種精神的需要。從人類思維能力發展水平來說，巫術顯然低於宗教，但它的產生早於宗教，而在宗教極大地發展以後，巫術只是作為一個很低的層次（指不甚高明的裝神弄鬼的手段）與宗教並存。

76古人心中的「上帝」指什麼？

上帝又稱天帝、天皇、天、皇天上帝等，是神靈世界的主宰，也是歷代統治者和一般群眾都崇拜的最高神祇。原始社會時期作為天帝的神祇較多，如黃帝、炎帝、帝舜、帝堯等，都曾作為上帝受到人們的崇拜。這種情況，反映出了當時各個部落、民族文化的多元性。隨著歷史的發展

玉皇大帝

和政治權力的集中，上帝也逐漸定於一尊。但是在宋代以前，上帝都一直是一個抽象的概念，並沒有具體的名稱和事蹟，對上帝的崇拜儀式也只限於對著茫茫蒼天祭祀和祈禱。宋元以後，特別是明代以後，上帝的寶座便被道家尊奉的玉皇大帝佔取，因而玉皇大帝在宋元以後便明確普遍地被人們崇拜為上帝。由於歷代統治者都認為自己是「天之驕子」或「真命天子」，故祭天就成為最高統治者的特權，一般群眾對上帝的崇拜並無特殊的儀式。

77 古代是怎樣「祭祀」的？

祭祀包括祭神和祭祖，是自然崇拜和祖先崇拜的表現，同時也是一種鬼神崇拜。

古人以為，人死以後，靈魂可以依附於某種自然物，成為這種自然物之神，於是便要對這種神靈進行祭祀。類似的還有許多山川草木鳥獸蟲魚之神，它們往往都被認為是某些鬼魂的寄託而加以祭祀。漢唐以後，隨著佛教的傳入，關於天堂地獄的描繪使得對鬼神的祭祀活動更為繁盛，不過這些祭祀已不屬於原始的鬼神崇拜了。

祭祖是鬼魂崇拜的另一種表現形式。中國古代祭祖有相當的規定，並不是所有祖先之魂都在祭祀之列。只有那些強悍有為，對氏族或部落做出過重要貢獻的祖先的靈魂，才能被祭祀。

原始社會也是這樣，沒有突出貢獻的人死後，靈魂很難進入部落的祭祀之列。而且，祭祀典禮的舉行，常常由部落首領、族主、巫師等主持，一般人通常沒有主持祭禮的權力。祭祖的目的，是希望祖先的靈魂福佑家園興旺、戰事順利、五穀豐登等。

78所謂的「寒食節」是何意？

漢民族傳統節日中較大的紀念日之一便是寒食節。寒食節在清明節前三日，紀念的是春秋時的廉士介子推。傳說介子推是晉公子重耳的從亡之臣。重耳在外流亡十九年後重歸晉國掌權，賞賜從亡的臣子，但介子推秉性清高，不願邀寵圖賞，背著母親上綿山隱居。重耳再三請他出山，他總不應。重耳便舉火焚

重　耳

山，意欲迫使介子推母子無法居住而下山。誰知介子推不改初衷，竟被燒死。重耳即晉文公追悔不已，哀痛之餘，便下令在介子推被燒死的日子——三月三日以禁止舉火熟食來紀念他。其實有史料記載說介子推並未被燒死，只是這一附會的紀念內容更為符合封建社會人們心中的社會心理要求，所以這一節日便在長期的流傳過程中成為一個紀念日而被固定下來了。寒食節的主要活動內容是禁火三日，吃冷食，即是隔日做好的餅和糕，後來人們又將寒食節和清明節放在一起過，在寒食節便有人上墳祭祀。

79 歷史上的「端午節」是怎麼回事？

端午節又稱端陽節，是中國民間傳統三大節日之一。農曆五月稱午月，端則為初，故這個五月五日的節日便被稱為端午節了。它紀念的是大詩人屈原。屈原五月五日投汨羅江死後，人們用竹筒裝水在每年的這一天投入江中祭奠他。東漢建武年間，長沙有個叫區曲的人，忽然遇到了個

屈　原

自稱是屈原的讀書人。這人對區曲說：「多年來人們祭我的米，都被江中蛟龍所奪取，你們如果再祭我，應用楝葉塞住竹筒口，用彩絲纏好，因為楝葉和彩絲是蛟龍害怕的兩樣東西。」區曲聽了，告訴了大家，人們便照辦了。可見這一節日的活動內容最早是由祭祀形成的。

到了後來，人們在這一天採艾葉、菖蒲和大蒜掛在門首，稱「水劍」，這以及其他系列的活動在長期傳承中一直傳存著，後來又加上了祝福納吉的新內容。端午節還有一項重要的活動就是龍舟競渡。這些活動已經與節日的祭奠內容無關，而純粹是競技遊藝活動了。

80 「臘八節」是怎麼來的？

每年的臘月初八是中國的傳統節日臘八節。漢族的臘八節是典型的祭祀節日。臘是古代的一種祭禮，即一年辛勤耕作，喜獲豐收，一般在年底舉行的一種對自然界風調雨順的答謝祭。

自秦以來，「臘日」都作為年節來慶賀，日期一般定在冬至後三戌舉行，至南北朝時才固定於臘月初八日。在古代，瘟疫大概曾經極度騷擾我們的祖先，人們傳說那位頭觸石周山的英雄共工有個兒子死後成了瘟疫鬼，到處散布瘟疫。這個鬼天不怕地不怕，卻單怕赤豆。於是人們在臘八節的活動中又加入了以赤豆打鬼的內容，一面打還一面喊「儺！儺！」。這種民間大儺十分熱鬧，驅瘟疫的內容也越來越被遊藝娛樂的成分所取代，最後竟發展為一種地方戲曲。佛教傳說中，十二月八日是釋迦牟尼得道的日子，在他得道之日，曾有牧女向他獻乳糜。於是佛寺有在此日誦經，並煮五味粥供佛和分贈檀越施聖的習俗。大約至明代，家家百姓盛行自己煮臘八粥，粥的種類和形式也豐富起來。這一活動除了品味各種雜糧外，也包含有教人珍惜米糧，勿暴殄天物的意思。

81 何爲清明節？

清明節又俗稱鬼節，可見是個祭祀先人的節日。上古不葬，即所謂「不封不樹，棄之中野」，當然亦無墓祭。相傳漢元帝追念前將軍蕭望之，故有「使祭其墳」之舉。直至隋唐，清明墓祭才形成俗例並見之官方文書。

清明節正是大地春動的時節，故此節雖起始於祭祀先人，但在長期的發展中也複合有遊娛的內容，就是一種被後人稱為「踏青」的郊遊活動，含有一冬蜷縮，春動外出，大展身手，振奮精神的意思。同時古代又在清明節匯聚了插柳植樹等活動，並形成習俗。至於清明戴柳以免蠆毒的說法，則反映了這一節日也包含有驅除惡魔的意思。

作為綜合性節日，它亦添有競技遊藝的內容，節日中鬥雞走狗，拋球拔河，這是從唐代便有的活動。

82 「殉葬」指什麼？

殉葬也叫「人殉」，就是以活人從葬，它是中國自原始社會末期至整個奴隸社會廣泛流行的一種古代葬俗。

從考古資料上看，中原地區和西北地區早在西元前二八〇〇～二〇〇〇年前就有人殉的現象存在了。考古學家認為，當時用於殉葬的人可能是被殺害或被活埋的俘虜，也可能是妾奴。

中國商代是人殉極為盛行的時代，例如在屬於商代前期的湖北黃陂盤龍城遺址中，有一個墓有三人殉葬，其中二人被直接埋在外棺外西側的二層臺階上，一人被直接埋在北端棺頂之上。上述殉葬人的身分雖然不能排除是奴隸的可能，但從他們多有隨葬品來看，也有可能是墓主的隨身侍從之類。

商代後期的人殉更是達到驚人的地步，尤其是大型墓葬。從考古資料看，人殉在西周時期趨於低落，但秦始皇統一中國後，人殉又有所發展。

83 「五服」制簡況如何？

五服有三個意義：一是統治階級的五等服飾，即天子之服、諸侯之服、卿之服、大夫之服和士之服。二是天子直接管轄的地區以外的地方，以五百里為率，視距離的遠近分為五等，依次為甸服、侯服、綏服、要服和荒服。三是指喪服中的斬衰、齊衰、大功、小功、緦、麻五種服色。一般說的五服，即喪葬中用的五服。

所謂「喪服」，是古代喪禮中親屬們根據與死者的親疏關係而穿著的一種服飾。一般是在死者大殮的次日開始穿著，稱「喪服」。喪葬禮結束後，還必須在為死者進行一系列祭祀活動中穿著，直到禮制規定允許解除的期限為止。

五服中，齊衰又分為四等，即齊衰杖期、齊衰不杖期、齊衰五月、齊衰三月，這四等連同斬衰、大功、小功、緦、麻合稱「五服八等」。一般說來，服制越重，其喪服形式也就越複雜，以示不同程度的哀痛之情，而一般是關係越近服制越重。

84 中國的旅店是怎麼起源的？

中國是世界上最早出現旅店的國家。據考證，中國古代的旅店起源於原始社會末期，如果從它的原始形態出現時開始算起，至今已經有幾千年的歷史了。官方驛站、民間旅店和寺院旅舍構成中國古代旅店的三種主要形態，它們都是為驛卒官吏或商旅遊客提供膳食住宿之處，但又有其各自的特點。隨著交通商業的發展和時代的變遷，古代旅店在其發展過程中相應地發生著演變，逐漸過渡到近代的旅館。

驛站是中國古代最早的一種官方住宿設施。在古代，沒有完備的通訊工具，政府的政令和公文傳遞以及各地區間的書信往來，全憑專人步行或騎馬遞送。無論是騎馬飛報任務還是步行遞送文書，信使在途中都需要食宿和更換交通工具，於是就出現了驛站。據史料記載，中國殷商時已有驛傳，想必當時就已經有著一定數量的驛道和驛站。這些便是中國旅館的雛形。

85 古代的皇帝是怎樣進行日常政務活動的？

在舊小說和戲曲中，我們常常看到這樣的場面：皇帝早朝，大會百官，太監宣稱：「百官有事早奏，無事退朝。」在人們的印象中，皇帝的日常生活就是這樣，其實不然。

古代皇帝有兩種朝會，一種是大會文武百官、王國諸侯和外國使臣的朝會，稱為大朝。大朝是一種隆重的典禮，往往在特定的節日舉行，僅僅是一種儀式，一般不在這種場合處理國政。另一種是常朝，即皇帝每天或間隔數天於早晨會見政府官員，處理一些日常政務。這種朝會，類似於官府中的早衙與晚衙。但這也不是皇帝日常生活的全部，因為並不是所有的國家政務都是在常朝上決定的，所以，有些倦政的皇帝常常不上早朝。古代皇帝所處理的政務，大致分為兩類：一類是日常政務，所謂日常政務，就是指這種常規性的統治活動。一類是非日常性政務，這是因國家政治中出現了動亂，皇帝往往要和主要官員商議對策。以上這些才構成皇帝的日常政務生活。

86 什麼是「讖緯」？

讖緯是漢代流行的宗教迷信。「讖」是一種「詭為隱語，預決吉凶」的神秘預言。這種預言被認為發自上帝，是符合天意的，故又叫做「符」或「符命」。為顯示讖書的神秘性，往往把它染成綠色，所以又叫「籙」，由於常附有圖，故也稱為「圖讖」。「緯」是方士化的儒生用神學觀點對儒家經典進行解釋和比附的著作，它相對於「經」而得名。經的本義是織物上的縱絲，緯是織物上的橫絲，緯書依附於經書，正如布上的緯線與經線相配一樣。漢代儒學有「五經」、「七經」之說，而緯書也有「五緯」、「七緯」之稱。因為緯書中也有讖語，所以後來往往把讖和緯混為一談，通稱為「讖緯」。

東漢末期以後，讖緯學便逐漸衰落。其衰落的原因，在某種程度上是由於自然科學的發展及一些進步思想家對它的批判。到了隋唐之後，雖還有某些活動形式被保留下來，但其已不適應社會的需要，最終在歷史舞臺上銷聲匿跡了。

87 古代中國京劇的臉譜有哪些？

京劇的臉譜流派很多，其中早期的淨臉臉譜，主要有三派，即代表正淨之何桂山、裘桂仙一派，代表副淨之慶春圃、黃潤甫一派，代表武淨之錢寶峰、錢寶福一派。三派自成體系，各具風格，尤其錢金福臉譜，「莊嚴有威，樸素大方」，被時人公認為「天下一品」。當代的侯喜瑞、郝壽臣的臉譜也很有特點。

臉譜起源於面具，其淵源可追溯到西元五五〇年之北齊。據史料載，北齊蘭陵王高長恭貌美而勇武，自覺不能使敵人畏懼，故常戴面具出戰，勇冠三軍。

古代製作面具，先以紙糊其胎，爾後以水墨丹青彩繪。宋元古劇，上場演員頭戴面具，手舞

臉　譜

焦贊臉譜圖

足蹈，而念白與歌唱則由在後臺的演員任之。直至清末，凡神鬼諸戲，似乎還保持戴面具只舞不唱的陳規，最明顯的就是《跳加官》。隨著戲曲的發展，要求演員必須載歌載舞，塑造完整的藝術形象，所以面具終於被臉譜代替。

88 儒、釋、道三教合一是怎麼回事？

作為中國封建社會正統思想的儒學，歷經先秦儒學、兩漢經學、宋明理學三種基本形態。漢代經學非儒學之原型，而以儒道互補為特徵，為中國傳統文化定下基本趨向，宋明理學以儒、釋、道互補為格局，最終確立中國文化的傳統，歷史上即稱為「三教合一」。

產生於先秦時期的儒學，是一種與心智、倫理、政治相結合的學說，它缺乏哲學的內涵，疏於思維和論證方法。

兩漢經學的出現，是對儒學的第一次改造，它的特點是用解釋儒家經典的形式，提出一套以「三綱五常」為基本法度，以道家思想為哲學基礎，並附以陰陽五行說的思想體系。

宋明理學的誕生，完成了對孔子儒學的第二次改造，成為中國封建社會後期統治階級的正統思想。

理學造成的影響，嚴重阻礙了封建社會後期幾百年中學術文化和科學技術的進步。

89 陳子昂爲何死於非命？

陳子昂高舉改革大旗，開一代詩風，被尊為唐代「詩祖」，在中國文學史上有著重要地位。但是，他的一生很短促，只活了四十二歲，便死於非命。對於他的死，歷代文人學士和史學家都很關注。

陳子昂生前好友盧藏用在《陳氏別傳》中曾有所披露：「子昂性至孝，哀號柴毀，氣息不逮。屬本縣令段簡貪暴殘忍，聞其家財萬貫，乃附會文法，將欲害之。子昂荒懼，使家人納錢二十萬，而簡意未已，數輿曳就吏。子昂素羸疾，又衰毀，杖不能起。外迫苟敵，自度氣力恐不能全，固命蓍自筮，卦成，仰而號曰：『矢命不佑，吾其死矣！』於是遂絕，年四十二。」

從這段話裡可以看出，陳子昂過分悲傷是一個因素，更重要的是受縣令段簡所逼，自絕於「輿曳就吏」之時。於是就得出這個結論：陳子昂為段簡所害，死於獄中。

90 「扶桑國」究竟在哪裡？

在中國古籍中，「扶桑」一詞有三種含義：一是植物名，一是神木名，一是古國名。古人把傳說中的神木大桑樹稱之為「扶桑木」，他們將神話裡東方大海中的極東國家稱為「扶桑國」。

追溯「扶桑」一詞，在中國歷史上的戰國時代就有史跡可尋，有關「扶桑國」的具體地理環境和地理位置的記載，最早可以從《梁書》中找到材料，而扶桑之謎的爭議也是從《梁書》的記載引起的。

有人說扶桑國是指美洲的墨西哥。他們說，在西元四九九年，我們的祖先已經與扶桑國互相往來。早在一四九二年哥倫布發現新大陸之前的十個世紀，中國人已經在美洲大陸留下了足跡。古時候中國人民稱其國度為「扶桑國」。

91 花木蘭是誰？

木蘭代父從軍的故事受到歷代人民群眾的景仰和喜愛。

《木蘭詩》是中國古代一首優秀的民歌。從全詩看，木蘭是少女名字，不然，豈有面對天子表姓略名之理？又豈有自述家世中，先言「阿父無大兒」，即講「木蘭無長兄」之理？有人認為，木蘭雖未必有其人，但矯健尚武，騎馬射箭

花木蘭

已成為風氣，不僅男人如此，女人也一樣。《木蘭詩》應是流傳的一個相類似的事實，經許多無名作者的潤色，民間詩人的傳唱，後又經過各族人民的流傳，成為有系統有故事情節的詩歌，而花木蘭則完全是人民從現實生活中塑造出來的一個具有代表意義的典型人物。

92 王羲之爲何喜歡鵝？

每當人們談起東晉大書法家王羲之的時候，很容易聯想起那個廣為傳誦的寫經換鵝的故事。據說王羲之特別愛鵝。山陰的一個道士養了十幾隻好鵝，有一天早上，王羲之坐船經過那裡見到了，非常喜歡，便去請求道士，想要把鵝買下來。道士表示這鵝是不賣的，不過，如果能替他寫一部《黃庭經》，那倒可以把這群鵝換走。王羲之立即答應，在那裡花了半天的時間，為道士書寫了《黃庭經》，興高采

王羲之愛鵝圖

烈地籠鵝而歸。

這個故事在很多歷史資料中都可以找到。為什麼王羲之這麼喜歡鵝呢？古往今來，不少學者從書法上去找原因，認為鵝的樣子對王羲之的執筆、運筆很有啟發。例如，清代著名書法家包世臣在《藝舟雙輯》卷五中的論述就很有代表性：「其要在執筆，食指須高鉤，大指加食指、中指之間，使食指如鵝頭昂起者，中指內鉤，小指貼無名指外距，如鵝兩掌之撥水者。故右軍愛鵝，玩其兩掌行水之勢也。」

93 中國古代有沒有出現過飛碟？

飛碟是現代世界的一個大謎。雖然有很多人都說自己看到過飛碟，但飛碟究竟是一種什麼東西，誰也不知道。

飛碟並不是一件新鮮事物，二千多年前，它可能不止一次地訪問過中國，在浩瀚的中國古代文獻中，曾有過許多不明飛行物的記載，這種飛行物光芒四散，來去神速，從記載看，很像現在所說的飛碟。

最早記載飛碟的是《晉陽秋》一書，書中寫道：「有星赤而芒角，自東北西南投於亮（諸葛亮）營。三投，再還，往大，還小。俄而亮卒。」

到了宋期，著名科學家沈括在《夢溪筆談》中記載了這樣一件事：「嘉興揚州有一蚌甚大，天晦多見，初見於天長縣陂澤中，後轉入甓社湖，後又在新開湖中。凡十餘年，居民行人常常見之。余友人書齋在湖上，一夜忽見其蚌甚近，初微開其房，光自嘴中出，如橫一金錢。俄頃忽張殼，其大如半席，殼中白光如銀，珠大如拳，燦然不可正視，十餘里間林木皆見影，如初日所照。」記載此事的是一位科學家，提供情況給他的是他的好友，好友就在蚌的旁邊，應該不是杜撰。可見，中國古代就有「飛碟」現象了。

94 人類古時最初是怎樣計時的？

這裡說的「計時」，指對一天之內具體時刻的記錄，它是人們把握和駕馭時間、合理安排生產和生活的依據。在殷商甲骨卜辭中已可看到我們祖先留下的計時材料。在以後的幾千年中，古人對於時刻的確定和記錄更是日趨精確嚴密。

古人的計時，首先是從運用較為籠統模糊的時刻概念開始的。在人類社會的早期，天文學和數學還不發達，人們還不能對一天之內的子時段作定量分析，記錄時刻就只能依據在日常生活中最常見的天象、行事或物候等來標誌時間。這種計時法所記實際時間並不精確，而只是概略地標誌某一時段，但它在漫長的古代社會中得到了廣泛的運用。

95 中國古代是怎樣記數的？

從遠古時代文明發展的最初階段起，先民們為了計算獵物，分配食物，就不斷積累著關於事物數量的知識。人們認識數是從「有」開始的，起初略知「一」、「二」，以後在社會生產和社會實踐中不斷積累，知道的數目才逐漸增多。據調查，解放前，在有些文化發展比較緩慢的少數民族中，最多還只能數到「三」和「十」，再多就數不清了。這大體上反映了文明初期先民的識數狀況。隨著識數的增多，在對具體事物個數抽象的基礎上產生了數，有了記數的符號。中國古代記數的符號，大致有兩個系統，一個是算碼，一個是數字。前者多用於商業和數學專籍，後者多用於文書和典籍中記錄數字。後來又從域外傳入了阿拉伯數字和羅馬數字。

羅馬數字約在西元十三世紀末或十四世紀初傳入中國，直到清中期以後才對它的記數方法有較為詳細的介紹。它主要用於表示時辰，出現在鐘錶和天文儀器上，並未在實際計算中使用，所以基本上沒有對中國記數方法產生太大的影響。

96 古時什麼時候開始使用算盤？

中國是算盤的故鄉，這是舉世公認的。天津達仁堂藥店保存著一架長三十六厘米、寬二十六厘米、共一百一十七檔的大算盤。這架已有一、二百年歷史的算盤是中國現存最大的一隻算盤。如今，人們已經進入了電腦時代，但是古時的算盤並沒有完全退出使用，反而在許多國家（如日本、美國等）方興未艾。因此，有的學者認為，算盤的發明可以和中國的其他四大發明相提並論。

算　盤

算盤起源於東漢或南北朝，甚至更早一些。東漢的數學家徐岳曾撰寫過一部叫《數術記遺》的數學著作，書中有「珠算，控帶四時，經緯三才」之說，這是最早關於「珠算」的記錄。有的學者認為，《數術記遺》一書上描述的珠算不同於現在使用的串檔算盤，而是一種「游珠算板」，這只能說是算盤的雛形。中國已故數學家錢寶琮先生認為，《數術記遺》中記述的珠算，充其量不過是一種記數工具或者只能作加減法的簡單算盤，和後來出現的珠算是完全不同的。

97 中國古代用什麼東西觀察天象？

中國古代觀測天象所用的儀器，大致可以分為兩類：一類是「表」，形制是一根直立的杆子，人們通過太陽光照射下的「表」的投影方向和長度的變化來觀測天象；一類是洋儀，古人通過它測定日月星辰在球面天幕上的座標以觀測天象。

「表」是最早的觀測器。它是古人在長期的生產和生活實踐中通過觀察太陽投影的變化而發明的。古人利用「表」可達到定方向、定

古觀象臺上的紀限儀

簡　儀

節氣、定時刻的目的。

「渾儀」是專用以觀測天體在天體球面上座標的天文儀器。它是中國古代關於宇宙模式的渾天說理論建立後的產物。

98 中國古代有哪些重要的糧食作物？

中國是世界上較大的植物栽培的起源地之一，自古以來，先民就選育了品種繁多的糧食作物、蔬菜和果類。

糧食作物方面，古代有「五穀」之稱，是古人的五種主要糧食作物。

粟，古稱「禾」，今稱穀子，去殼後叫小米。古代所謂的「粱」，就是粟的一種優良品種，它是中國最古老的栽培植物之一。

中國是栽培稻的發源地之一。

稻，古稱「稌」。它是中國栽培歷史最早的重要糧食作物之一。稷，屬黍屬，禾本科，古代亦稱「穄」、「糜」。古代將稷列為五穀之首，並把它作為農官的名稱，甚至與「社」並稱，以「社稷」為國家政權的象徵。

芝麻，古稱胡麻，俗稱芝麻，為五穀之一，是重要的糧食作物，用它來榨油則是後來的事。

99 什麼是「絲綢之路」？

中國是絲綢的故鄉，並很早就向西方輸出蠶絲和高雅華美的絲織品了。橫貫亞洲大陸的內陸地帶有一條古老的商道通往西方。大約在西元前一世紀以後的一千多年中，大量的中國生絲和絲綢連同其他貨物經過這裡運往西域，關山迢迢一直運銷到歐洲，風靡了整個西方世界，這條貿易古道就是聞名世界的絲綢之路，它在很長時間內曾是東西方往來的交通要道。古代東西方大部分經濟文化交流就是通過這條路線進行的。

絲綢之路開闢後，佛教、伊斯蘭教、基督教等宗教相繼通過它東傳。中國的偉大發明——紙以及文房四寶也傳播到西方。往來於絲綢之路上的中國和西方的行旅商人推動了兩地文化的交流。元朝時，歐洲的友好使者、義大利人馬可·波羅東從絲路東端的傳統路線進入中國境內，對中西方文化的交流有極其巨大的作用。總之，不同的文明相互交流，共同增色，這是絲綢之路最大的貢獻。

100 武則天是怎樣成爲歷史上唯一的女皇帝的？

中國歷史上皇太后掌權並不少見，改朝換代的女皇帝卻只有唐朝的武曌（則天為其尊號）。

武則天

由於姿色出眾，十四歲那年，武則天被召入宮，當了太宗李世民的「才人」，賜號「武媚」。

太宗死時，她才二十六歲，按照當時的制度，她和太宗的其他嬪妃一起被遣入長安感召寺為尼，後來偶遇即位不久的高宗李治，得以再入宮中，被封「昭儀」，不久，設計使高宗廢黜了皇后，自己封號「宸妃」。六五五年，武則天被冊封為皇后，並參與朝政，與高宗一起被時人稱作「二聖」。

在男性為中心的中國封建社會，女人從政談何容易，更何況武則天曾伺候過太宗。武則天遭到了長孫無忌、褚遂良等元老重臣的激烈反對，這使她依靠這股勢力從政的希望化為泡影，她轉而援引新貴，任用「武氏親族」，提拔酷吏，對反對勢力展開了毫不留情的鬥爭，幾乎將大官僚貴族集團的中堅分子一網打盡，為剛剛開始的政治生涯掃除了主要障礙。

高宗死去不久，中宗繼位，但不久便被武則天廢去皇位。六九〇年九月，武則天乾脆宣告「革唐命」，改國號為周，號「聖神皇帝」，成為中國歷史上唯一的女皇。

101 香港的名稱是怎樣得來的？

香港位於廣東省珠江口東南，是九龍司尖沙咀南邊的一個島嶼。香港的名稱來源有兩個說法：一種說法來自香港村（今港仔），村裡有一泉水流入大海，成為一個小港口，泉水甘香可口，被稱為香江，香江的港口就是香港；另一種說法來自莞香這種香料，莞香由東莞運到九龍尖沙咀，渡海到香港石排灣（香港仔）集中，再換船載運北上，運銷各省。由於香料都集中在這個港口運輸，因此，這裡也就被稱為香港。而香港作為全島之名稱，卻是在一八四二年中英《南京條約》簽訂時才確立的。

102 「中國」之名從何而來？

中國，這個詞在不同的時代和場合都有著不同的含義。在古代，基本上是一個區域和文化的概念，十九世紀中葉以後才成為中國全部領土的專稱，成為近代國家概念的專稱。遠古時代的國，規模很小，若干人口繁居的地方就成了國。後來出現了一些中心國家，如夏、商、周三代。從秦開始更出現了統一的國家。這些國家都有自己的國號，直到清朝，還可以聽到「我大清天下」等說法。十九世紀中葉以後，中華民族已經形成，疆域也早已奠定，這時西方各國入侵，已完全是外國的侵略，和古代的與「蠻夷戎狄」的鬥爭性質完全不一樣。這樣，具有近代國家意義的概念——中國，就自然使用起來了。

103 古代的「九州」是怎樣劃分的？

中國古代，尤其是周代的人們，將「九」看作是一個包羅萬象的數字，如說：「天地之至數，始於一，終於九。」將中國大地劃為九州，其本意，正反映了這種以「九」為「天地之至數」的觀念。因此，「九州」的最初含義，並不是指九個具體的地區，而是泛指前後、左右、遠近所有方位。

以方位為基礎，但同時又以精確的自然地理和翔實的經濟、地理知識為脈絡，將空泛的「九州」方位之說具體化的工作是由假託於夏禹，實則反映了春秋時的概況，且又成書於戰國時代的《尚書．禹貢篇》完成的。這篇卓越的古地理文獻，以中國大地即將實現「九州攸同」的政治大統一為前提，描繪了以下九個州：「冀州、兗州、青州、徐州、揚州、荊州、豫州、梁州、雍州。」這九個「州」，實際上包括了當時中國政治、經濟、文化最發達的中原地區、淮海地區、華北、華南、華東、西北、西南、西北地區。

104 西安爲什麼被稱爲「十朝古都」？

八百里秦川一望無垠，渭涇兩水浩浩蕩蕩，古都西安，就坐落在這塊美麗富饒的土地上。早在五、六十萬年前，中國的祖先就開始憩息於此，藍田猿人、仰韶文化、龍山文化都向後人展示了其光輝燦爛的歷史。直到西元前十一世紀，周武王滅商後在此建造了都城，因在鎬池旁而得名鎬京，以此掀開了古都西安的第一頁。

西元前三五〇年，渭河畔的秦部落崛起。秦孝公遷都咸陽，開始了秦國至二世而亡的這一百多年的統治歷史。取而代之的是西漢王朝，對屬咸陽一部分的長安進行了大規模的修建，建都於此。王莽的「新朝」斷送了西漢二百年的江山社稷，從此全國政治中心轉移。五八一年，北周的權臣楊堅廢周靜帝自立隋朝，定都大興城（今西安）。不久統一天下，西安又成為全國中心。無奈煬帝無道，狼煙四起，太原留守李淵起兵滅隋稱帝，唐帝國定都於西安，古都西安城從此進入了登峰造極的時期。唐長安城在隋大興城的基礎上，以龍首厚為基地，向南展開，面積約有三十八平方公里。長安在中國歷史上留下

西安市南門與箭樓

了輝煌的成就。八八一年，農民起義軍在黃巢的率領下佔領長安，雖然最終他失敗了，但那種「內庫燒為錦繡灰，天街踏盡公卿骨」的情景永為後人吟誦不已。

唐代以後，長安作為全國政治文化中心的地位喪失，可是十朝古都的燦爛歷史永遠留在了人們的心中。

105 洛陽爲什麼被稱爲「九朝古都」？

「高臺造雲端，遐瞰周四垠。雄都定鼎地，勢據萬國尊。」這是唐代詩人韋應物詠嘆洛陽城的詩句，從中我們不難感受到他對洛陽城巍峨建築的讚美及對它顯赫千餘年的歷史地位的高度頌揚。

考古發現證明，遠在四、五十萬年以前，洛陽一帶已經有了人類的活動。距今六、七千年前，這一地區已進入母系氏族社會的繁榮階段。著名的仰韶文化遺址就發現在洛陽西北的仰韶村。這裡也是傳說中的黃帝、堯、舜、禹生活的地方。據說大禹治理洛水時，有背鐫文字的神龜浮水而出，其最大數為九，大禹據此把天下分為九注。這便是流傳數千年的「洛書」的由來。

從西元前七七〇年開始，先後有東周、東漢、曹魏、西晉、元魏、隋、武周、後梁、後唐九個朝代定都於洛陽，累計時間長達九百三十多年，是中國歷史上作為都城年代最長的城市，因而洛陽享有「九朝古都」之類稱。

洛陽受到歷代帝王的青睞，與它所處的得天獨厚的地理位置有關，洛陽位於河南西部的伊洛盆地，四周有群山環抱，氣候宜人，兼之伊、洛、澗三條河流蜿蜒其間，因而物產豐富，景色秀麗。洛陽四周有幽谷、廣成等八關為屏障，故有「八關都邑」之稱。

106 南京爲何叫「六朝古都」？

「六代帝王國，三吳佳麗城」。位於長江下游的南京是中國歷史上著名的都會，和北京、西安、洛陽一起，在歷史上被稱為「四大古都」！若加上宋以後成為著名首都的開封和杭州，則有「六大古都」的美稱。南京作為中國著名的古都之一，有著非常悠久的開發與興修的歷史。

早在春秋時代，南京就已經開始築城了。西元前四九五年，吳王夫差築造冶城，開辦了冶鑄銅器的手工業作坊。西元前四七三年，越國滅了吳國，范蠡在今中華門外的長千里築造城牆，這成為南京有城之始。從出現原始居民起，南京至今大約有六千年的歷史。而從最早的古城算起，也有二千四百多年的歷史了。

越城建造後不久，越國被楚國所滅。西元前三三三年，楚成王在今南京清涼山上築城，叫金陵邑。南京古名為金陵，就是這個由來。

三國時候東吳定都建業，南京稱為六朝古都，還是從建業開始的。東吳以後先後有西晉、東晉及南朝的宋、齊、梁、陳四個王朝相繼定都於建業。「金陵自古帝王州」。建業和建康，從三國東吳時起，歷經東晉、南朝宋、齊、梁、陳。作為「六朝古都」，實際上有著三二二年的時間。

107 北京在歷史上做過哪些朝代的首都？

一六四四年三月十九日清晨，北京城內居民家家戶戶在門上貼了「永昌元年順天王萬萬歲」的字條，設案焚香，懸綵奏樂，迎接李自成農民起義軍進城。農民軍佔領北京城，標誌著歷時二百七十多年的明王朝被推翻了。但是，李自成的大順政權在北京只存在四十三天時間，隨即為清朝所取代。清代順治皇帝定都北京，北京遂成為全國政治中心。從康熙開始，北京城開始大規模地修建。清代是中國封建社會裡最後一個建都北京的朝代。

清代之前的明代也定都北京。一三六八年，朱元璋在南京建立了明朝。北京在被明初大將徐達帶兵攻取時，叫做北平，明成祖朱棣於一四〇二年，將北平改為北京，並在不久後的一四二〇年正式遷都北京。從明代推至元代，忽必烈在一二六七年時以今天北海所在地為中心，營造新都城，定名為大都。元朝以前，北方政權有遼，金曾建都北京。

北京在遼時作為陪都，因此一般說來，北京正式作為首都是從金朝開始的。但是，嚴格說來，第一個建都在北京的是「五胡十六國」的燕國，只是為時很短而已，在歷史上並沒有大的影響。

108 中國青銅文化是怎樣起源的？

青銅器是中國古代文化的重要組成部分。由於考古學是按照人類使用生產工具的發展階段而劃分時代的，介於最早的石器時代和較晚的鐵器時代之間的是青銅器時代，所以，青銅時代也就成為奴隸社會的代稱。青銅文化也就是指奴隸社會創造的文化。在中國指的是夏、商、周三代的文化。

一般認為，中國的奴隸社會，從夏禹開始，歷經商、西周、春秋，到戰國時代進入封建社會，前後約一千五百年的歷史。在這一千五百年中，夏代是奴隸制社會的初建時期，商和西周前期是奴隸制社會的發達時期，西周後期和春秋時代則是奴隸制的衰亡時期，這個過程，是與青銅文化的產生和發展過程相吻合的。

四羊方尊

據史書記載，早在夏朝以前，人們就已能夠鑄造銅兵器和銅鼎了。考古工作者在距今五千到四千三百年的甘肅馬家窰和馬廠文化遺址中發現了青銅刀，在被認為是夏代文化的河南偃師二里頭的文化遺址和墓葬中，也發現了青銅器、錐和小刀等，這說明，夏代便已進入了青銅時代。

109 什麼是「焚書坑儒」？

秦滅六國後，結束了分裂割據的局面，建立了中國歷史上第一個統一的、專制主義的中央集权的封建國家，開創了一個歷史新時期。但是各國貴族的思想政治制度已形成體系，即便失去了它賴以生存的社會經濟基礎，但還以一種殘餘的形態頑固地發揮作用。

西元前二一三年，已是秦統一後的第八年，丞相李斯建議「入則心非，出則巷議」，以古非今，誹謗朝政，造成百姓思想混亂，皇帝權威也受到損害，所以應該禁止，秦始皇批准了這個建議，這便是焚書。

至於坑儒，則要從方士談起。一些方士想騙秦始皇長生不老。秦始皇派若干名童男童女下海找仙，但多年渺無音訊。很多方法試了都不成功，一些方士便遭到屠殺，同時有一些方士攻擊秦始皇「貪於權勢」、「不學無術」等，秦始皇聞之大怒，命令御史追查。這些方士儒生，相互牽連，秦始皇便將四六〇餘人以妖言誹謗罪坑殺，這就是坑儒。

焚書坑儒對中國歷史最大的影響在於控制思想，開始成為統治者的國策。秦始皇以焚書坑儒的實際行動，提出了要控制思想這個命題。在這以後，漢武帝的罷黜百家、獨尊儒術，隋唐的科舉制，都是這個政策的繼續和發展，明清的八股取士、文字獄以及借修書來毀書等做法，更把控制思想推到了極點。

110 秦始皇是怎樣一個人？

秦始皇，姓嬴名政，又叫越政。他結束了二五十年封建諸侯割據混戰的戰國時代，建立了郡縣制的統一的秦王朝，是中國歷史上的第一個皇帝。

西元前二四九年，嬴政十三歲，繼父莊襄王為秦王，時已是戰國時代的後期。戰國七雄中，秦國自商鞅變法以來，積六世的發展，已經成為最富強的諸侯國。

西元前二三六年，秦始皇派大將王翦、楊端和進攻趙國，開始了歷時十五年的統一戰爭。前二二一年，大將王賁率滅燕軍，又南下滅了齊國，完成了統一六國的歷史偉業，建立了一個多民族統一的國家。從此，中國歷史進入了新時期。

統一六國後，秦始皇開始實行專制統治，雖然經濟上取得了一定的發展，但由於他暴戾而又橫行無道，農民起義的呼聲四起。西元前二一〇年出巡途中，在人民「今年祖龍死」的詛咒聲中，秦始皇病死在沙丘平臺。不久，陳勝吳廣起義，秦王朝滅亡了。

111「租界」是什麼意思？

清道光二十二年（一八四二）七月二十四日上午十一時許，大清帝國欽差大臣數人神情黯然地爬上了停泊在南京長江江面上的英國侵略者的軍艦，簽訂了中國近代史上第一個喪權辱國的不平等條約——《中英南京條約》。由此開始，中國開始了半殖民地半封建的社會。

上海租界的出現就是由《南京條約》及其附件直接導致的。《南京條約》第二款規定，清廷允許英國人攜帶家眷寄居上海等五處港口進行貿易通商。一八四二年十一月八日，英國派往上海的第一任領事巴富爾上尉抵達上海，第二天就拜謁了蘇淞太道宮慕久，要求在城內賃屋居住。隨著更多英國人的到來，宮慕久終於讓出了一塊地作為英國人的居留地，這便是上海租界的開端。

英國人在上海租界上一炮打響，其他列強紛紛仿效。「國中之國」除在租界內為所欲為外，在陰謀干涉中國內政、與清廷共同鎮壓中國人民的革命鬥爭方面也是非常積極的。當然，租界凌駕於清廷統治之上，所以它同時也為清廷統治所鞭長莫及，所以它在傳播西方文化上也有一定的作用。

112 中國古代是怎樣釀酒的？

中國有著悠久的釀酒歷史。遠古時代，在農業尚未興起之前，野果和蜜是可供中國人釀酒用的理想而又容易得到的原料。它們含有發酵性的糖分，接觸了空氣中的黴菌和酵母，就會發酵成酒。這種酒「清冷可愛，湛然而美」，引起原始人類極大的興趣。以後，人們逐漸有意識地去利用野果發酵釀造果酒。

進入農業社會以後，我們的祖先貯藏的穀物由於保存方法原始、條件差，穀物易受潮而發芽、黴變，這些長黴的穀物形成天然的麴糵，遇水後便發酵成酒。它啟發後人利用麴糵來釀酒。到商周時代，穀物釀酒已相當普遍。從商代廢墟中發現了規模壯觀的釀酒作坊的遺址，還有許多專用酒器，有釀酒的罍，有盛酒的尊、壺、卣，有溫酒的盉斝，有飲酒的爵、觚、觶等。有銅製的，有陶製的，數量眾多，製作精致，反映了當時釀酒業的發達。

到了周期，隨著社會生產力的發達，釀造技術也有了更大的進步。國家成立了專門機構，設「酒正」、「漿人」等專管釀酒的酒官。《禮記·月令》中指出釀酒要用煮熟的穀物，投麴須掌握時機，製酒用的器皿要選優良清潔的陶器，造酒用的水質要好，火候要適宜。這是對古代釀酒技

杜 康

術的科學概括，也是世界上最早的釀酒工藝規程。

造　酒

113 古代是怎樣製醋的？

中國製醋的歷史晚於釀酒。在古代，醋還稱為醯、酢、苦酒。春秋戰國時，醋還是比較貴重的調味品，漢代才普遍生產。

從漢人所著的《食經》中所闡述的「作大豆千歲苦酒法」的記載看，中國於漢代已能以酒釀醋。釀醋是借醋酸菌的作用使酒精進一步氧化成醋酸。由於麴中微生物種類繁多，釀醋時除產生醋酸外，還產生乳酸、葡萄酸等有機酸，使醋的味道鮮美。

南北朝時期，醋在社會上的產銷量很大，推動著釀醋技術精益求精。北魏賈思勰在《齊民要術》一書中系統地總結了中國勞動人民從上古到魏時期造醋的經驗，記載了製醋法二十二種，有些至今仍被沿用。

使不同穀物發黴成麴，然後用它來使更多的穀物糖化、酒化和醋化，這是一次重大的發明。歷史上製醋的方法很多，大致有三類：一是釀陳醋，二是釀米醋，三是釀藥醋。

醋對人的健康大有好處。醋不僅有調味的作用，而且可以使胃酸增多，促進食欲，幫助消化。醋在中國自古入藥，用醋泡製中藥，可改善藥物性能，增加療效。

114 中國古代是怎樣傳遞訊息的？

古時候，我們的祖先在沒有發明文字和使用交通工具以前，就已經能夠在一定範圍內互相傳遞一些簡單的訊息了。根據古書記載和文物考古來推斷，原始社會的先民們大概是採取以物示意的方法來傳遞訊息的。中國雲南省境內，有些少數民族中的個別部落，解放前尚處於原始公社階段。他們有著原始的通信方法，在景頗族中，人們把辣椒送給朋友，表示自己遇到了很大的麻煩；在佤族中，如果送的是火藥或鉛彈，是告訴對方情勢緊急，馬上就要開戰了，如果送的是一塊結晶的方鹽，中間鑽個小孔，那就說明困難已經解決了。由此，我們可以想像古人是如何互相傳遞訊息的。

烽火臺是中國古代有組織地傳遞軍事警報的設施，二千七

驪山烽火臺遺址

百多年前的周幽王時就有了用烽火傳遞訊息的方法。烽火也只能起到公開的軍事報警的作用，還不能達到秘密通信的目的。周初著名軍事家太公望，發明了通過傳遞「陰符」和「陰書」而秘密傳遞軍事資訊的方法。陰符是一種簡便的秘密通信方法。使用者事先製造一套尺寸不等、形狀各異的「陰符」，每個符都代表一定的意思，只為通信雙方所知曉。到了宋朝，曾公亮在總結前人秘密通信經驗的基礎上，創製了一份軍事密碼本，這是一種很可靠的保密傳遞方法。

以上講的是幾種傳遞軍事資訊的方法，而古代大量的朝廷政令的下達，各級官府間公文的傳遞以及各地書信往來，則靠專人步行或騎馬遞送，這就是郵驛通信。中國古代歷朝政府一直沿用這種驛傳制度。

115 古代中國「冠文化」怎樣？

冠制，是中國服飾制度中的一個重要組成部分。隨著衣裳的產生，頭上戴的帽子也產生了。束髮習俗形成後，又從束髮器的形式中產生了冠。考古資料中所見的商代冠形還比較簡單，通常作帽箍式，它的基本形制與早期的束髮器相同，從中可窺見兩者之間的沿革關係。

冠和帽的區別是，前者上罩住髮髻，而後者則蓋住整個頭顱。冠產生之後，冠帽之間有了貴賤等級之分，貧賤無身分的人不准戴冠。

周代冠的形制有冕、弁兩種，冕的基本形制是冠上加一塊木笄，前後有垂旒，施以玉珠穿成，隨等級差別以及種類、用途的不同而垂旒的數目也有差別，天下最尊貴的袞冕是十二旒，等級最低的大夫玄冕僅二旒。周代以後，這種冕一直為歷代所用，作為正式的禮服，直至清末。

漢代的冠式，都是前高後低，傾斜向前形，其中最主要的有兩種，一是文官所戴的進賢冠，一是武官所戴的武弁大冠。魏晉南北朝時，正式官服多襲漢冠制度，但人們戴冠帽的習慣卻有了一些重要的變化。宋代的禮服中仍用冠冕，而一般公服則多戴襆頭，帽形平直，遼、宋、元、金的首級大多沿用舊制。明代公服中的烏紗帽就是從前代的襆頭演變而來的。而清代的冠帽，民間大體沿用明的舊制而稍有變更，官服之帽則廢明代舊制，換上涼帽、暖帽。

116 古代怎樣利用地下水？

中國古籍中未見有「地下水」一詞，但有關地下水現象的記載，卻是淵源甚早，為數很多的。《易經》上說到「山下有泉」，意思是說山的下面有泉水，即現在所說的地下水。

古文獻記載和考古發掘表明，我們祖先對於地下水的開發利用最早可以追溯到六、七千年前的原始社會，相傳在黃帝時代就懂得鑿井取水了。在世界上，中國堪稱是開發利用地下水最早的國家。浙江省餘姚縣河姆渡新石器時代遺址所發現的一口水井，是迄今中國發現最早的水井，這個豎井四壁有由四排木樁組成的方形樁木牆，排樁內頂套著一個方木框，以防排樁向裡傾塌，反映出當時建井所採用的方法已相當科學，曾為後代廣泛沿用。從堯時民歌中有「鑿井而飲」的詞句看，最早鑿建水井的目的，主要是為了供人們飲水用。

戰國時期開鑿水井就更加普遍了。陶井的出現，標誌著中國古代鑿井技術又有了新的創新。與鑿建水井技術的不斷提高相適應，提水用具也有逐步的改進和發展。起初是在繩索或長杆上繫上汲水器具，放入井中提水，約在春秋時發明了用簡單的槓杆器械的提水工具桔槔。之後，又有利用輪軸製成的轆轤和滑車提水工具的出現。

117 近代華人是如何移居國外的？

中國人移居海外的歷史源遠流長，早在秦始皇時代，就有徐福帶領一批童男童女移居日本的神話傳說。據小亞細亞的亞美尼亞史家的記載，西元前一世紀已有中國人移居該國，其後裔成為貴族，多出任政府要職。唐宋時中外通商朝貢甚盛，同南洋各島如馬來半島、爪哇和蘇門答臘皆有來往。自宋以來，稱南洋的華僑為唐人。南宋滅亡後，宋遺民背井離鄉，逃往海外從事復國運動，這也成為移民的一部分。元代則是中國移民海外的鼎盛時期，元代與海外通商較宋為盛，元世祖曾征佔爪哇及緬甸等地，並移民於這些地方。

國家圖書館出版品預行編目資料

中國文化地圖／王慧著；-- 一版. -- 臺北市：大地, 2005〔民94〕

冊；　公分-- （History；7-8）

ISBN 986-7480-23-6（下冊：平裝）

1. 文化史-中國-問題集

630.22　　94004774

中國文化地圖（下）

History 08

作　　者：王慧

創 辦 人：姚宜瑛

發 行 人：吳錫清

主　　編：陳玟玟

封面設計：呈祥設計印刷工作室

出 版 者：大地出版社

台北市內湖區內湖路二段103巷104號

劃撥帳號：〇〇一九二五二～九

戶　　名：大地出版社

電　　話：（〇二）二六二七七七四九

傳　　真：（〇二）二六二七〇八九五

印 刷 者：普林特斯資訊有限公司

一版一刷：二〇〇五年四月

定　　價：250元

E-mail：vastplai@ms45.hinet.net

Printed in Taiwan

本書經由中國長安出版社授權出版